掲出項目一覧（連載順）・目次

本書は二〇一九年四月から二〇二四年三月にわたり秋田魁新報に随時連載されたコラムをまとめたものです。掲載日は各項目末に記しています。

あきた弁一語一会

1 しねぁ

標準語風に記せば「しない」ということになるが、国語辞典には登録されていない語で、肉などがなかなか噛《か》み切れない状態をいう。木の枝でも折れそうで折れないしぶとさを感じる場合にも用いる。

「柳の枝に雪折れはなし」は、柳のしなやかさ・強靱《きょうじん》さを言ったものだが、「しねぁ」はまさしくこの状態である。もとになったのは「しなしな」（擬態語）「しなやか」（形容動詞語幹）「撓《しな》る」（動詞）に共通する「しな」。県内での用法は、食べ物の咀嚼《そしゃく》に難儀する状態と、容易に攻略しにくい「しぶとさ」を表す場合とがある。

秋田の県民性を「えーふりこぎ」（見えっ張り）とマイナスの評価をするのをよく耳にするが、それよりも、我慢強く簡単に妥協しない点を評価する「しねぁ」の方がふさわしい。相撲の勝負でも、ぎりぎりにまでもちこたえ負けそうで負けないのも「しねぁふと（人）だ」と評される。ここはひとつプライドをもって「しねぁ」県民性を発揮していきたいものである。

〈2019・4・1〉

2 おべたぶり

「おべたぶり」とは一知半解《いっちはんかい》の知ったかぶりを言う語である。知識は宝であるから、誰からも重宝されるのが知恵ある人に違いない。しかし、中にはよく知りもしないのに「おれが、おれが」と知識をひけらかしたがる御仁《ごじん》もいる。

「おぼえる」は、秋田（に限らず東北地方の各地）で「おべる」の形で用いられる。「ぼえ」が一音化して「べ」になる音変化である。「おれどごおべたか？」といえば「私のことを記憶しているか？」ということになる。標準語の「覚える」は、ほぼ「学習して定着させる」ことを意味する。これに比べて「おべる」は、より広がりをもった使い方をされる。

その中で、十分な知識を持ち合わせていないのに、いかにも物知り顔をするのが「おべたぶり」である。最初のうちは感心されるかもしれないが、遠からず馬脚を現すに決まっているから、相手にされなくなる。「おべたぶりコたげるな」という忠告は先人の残した謙抑《けんよく》の生き方そのものである。〈2019・4・5〉

3　きまげる

何か気に障ることがあって気分を害した場合に「きまげる」と言う。県の南部では「きもやぐ」という形で腹を立てる意味に用いるから、語の由来を考えると、「肝」が「焼ける」であり、「肝」を「焼く」である。

喜怒哀楽をストレートに表しにくい世の中になったせいか、感情をオブラートにくるんで表現するようになったようである。政府コメントの「遺憾砲《いかんほう》」(「遺憾の意」の表明に終始することを揶揄《やゆ》する造語)にしても、「とても残念だ」という意味にしか相手には伝わらない。約束を無視されて怒りを感じているのなら、それなりの表現をしないと。

あきた弁では怒ったことを言うのに、「きまげる」「きもやぐ」、「ごしゃぐ」「ごしゃげる」の二種類の表現を用いる。後者は「後世焼く《ごせ》」「後世焼ける」で、このざまではあの世に行ったときのことが心配だというのである。一説には「五臓《ごぞう》焼く」「五臓焼ける」で、はらわたが煮えくりかえる思いをするのだとか。

怒りの表現としては後者の方に説得力を感じるが、音変化の過程に無理を感じさせる難がある。そんなのは言い訳にもなっていないと非難されたら「きまげる」しかない。

〈2019・4・8〉

4 やざがねぁ

「難しいことを私に訊《き》かれても駄目だよ」という場合、秋田県内の多くの地域では「やざがねぁ」「やじがねぁ」「やっちゃねぁ」を用いる。ことばの来歴をたどると、「埒明《らちあ》（開）かぬ」から発したものだが、「ぬ」「ん」は西日本式の打ち消しの語で、東日本では「ない」「ねぁ」である。ラ行子音が語頭に立ちにくいことから、中部・北陸の「だちかん」

「だちゃかん」の形を経て秋田にはヤ行の発音で到達した。

「埒」は競《くら》べ馬の際に馬場に設けた柵を指す語で、これが開かないと始まらないことから、事がうまく運ばないことを「埒明かぬ」と言い、「だめだ」の意味で用いるようになった。

「やざがねぁ」のほかに「わがらねぁ」の言い方もあり、誤解を招きやすいが「理解できない」とは異なる意味で使う。

江戸時代には「埒明け」で、物わかりがよく、てきぱきと事を処理する人を言った例があるが、その対極にあるのが「わがらねぁ」「やざがねぁ」人なのだということになる。

〈2019・4・12〉

5　かだげわり

「かだぎわり」とも。何かの言動がもとで、面目を失い恥じ入らざるを得ない状況の時に用いるが、それは本人にとってはバツが悪く意気消沈することであって、第三者の目には「しょんぼりしている」と映る表裏の関係にある語である。

「恥ずかしい」状況は「肩身が狭い」思いと通じるところがあるからであろうか、「かたげ・かたぎ」を「肩気」で説こうとする向きもあるが、「肩身」に牽《ひ》かれた解釈であろう。しかし、「肩身」は「広・狭」でとらえられるもので、「悪い」とは言わない。

「かたげ（ぎ）」は、漢字で書けば「気質・形気・容儀」、つまり見た目や気持ちの在り方に関わるものである。大言壮語した結果が思わしくないカッコ悪い場合にも、連れ合いに先立たれてしょんぼりしている状態にも「かだげわり」と使う。だが、虐待によって亡くなった子を悼んで「かたげわりわらしだごど」と言うのには違和感を抱く。「かわいそうだ」に当たる表現は「むどつらだ」とか「むぞい」の類の同情を含むことばがふさわしい。

〈2019・4・15〉

6 めんこい

「父母を見れば尊し　妻子《めこ》見ればめぐし愛《うつく》し　世の中はかくぞことわり」と詠んだ万葉歌人山上憶良《やまのうえのおくら》の長歌にある「めぐし」という語が「めんこい」の原形である。

「めぐい」という形容詞が東北各地で「めごい」に変化した後、「ご」の鼻音が強調され、同時に「ご」が清音になったのが秋田で用いられている「めんこい」である。「おい」の連母音（母音の連なり）が「え」と変化して「めんけ」という形でも用いられる。「来い」が「け」となるのと同じ変化である。

憶良は「めぐし」と「うつくし」とを並列表現しているが、古代の「うつくし」は美麗の意ではなく、保護してやりたくなるほどの可愛《かわい》さを意味し、美の方に強く結び付くようになったのは後のことである。それで「めぐし」の方も、かつての古代語「うつくし」の領域をカバーするようになって「可愛い」の意となった次第。

唱歌に「めんこいこうま」があって親しみが感じられるが、それから派生した「めんこ」「さどめんこ」ならどうだろう。この「めんこ」は贔屓《ひいき》にされる子、「さどめんこ」は砂糖のように甘くメロメロにかわいい孫などを指す名詞として用いられる。

〈2019・4・19〉

7　もへ

「おだて」のこと。俗な言い方をすればヨイショである。

相手の言動に感心し興味があるとか、嬉《うれ》しいとかの反応を示して繰り返し発することばが「面白い」である。「おもしろい」の「お」が脱落して、さらに「しろい」の部分が「しれ」「しぇ」「へ」へと変化を遂げたのが「もへ」なのだが、「もしぇ」という人も多い。人に何かをしてもらったときに「嬉しかった」「ありがたかった」と、ことばに出して表すのが苦手だというのが県民性の一つだと言われるが、どうして、どうして。「もへきしぇる（しょわしぇる）」という行為は、秋田の人の言語技術の高さを物語るものであろう。感謝や同意を繰り返すおだてに気をよくしてコロリと乗るのは「もへ着る（背負う）」である。

「面白い」は満足な状態を表す一方、興味関心があることにも用いる。県南では女性の下着などを仕舞《しま》い込んでおく箱を「もへばご（面白い箱）」という由《よし》。男性の興味関心をそれとなく躱《かわ》す一流のユーモラスな表現と言えよう。

〈2019・4・22〉

8　ふとや

「ひとうぇぁ」と発音する地域もある。わかりやすく表記を改めると「ひとあわい（一間）」である。意味は「ちょっと」という時間的感覚である。

「あはひ（あわい）＝間」は平安時代から空間の隙間や境目を示す用法が見られ、鎌倉時代になると「機会・折」といった時間的な意味をも帯びて用いられるようになった語である。

色の取り合わせや、人と人との相互関係、男女の間柄も「あわい」と表現することもあったから、相当便利な日本語であったと言ってよい。だが、今では「ひとあわい」を「ちょっと」の意味に用いる方言に生き残っているのみである。

「ふとや、隣のえさビンギ（便宜）コしてけれ」とは、「ちょっと隣の家に使いだてしてくれ」ということで、時間的な「ちょっと」の意である。県南地方では「してぁっこ」の形も。

「あわい」は「あい」という短縮形を生むが、結果は「ひとえぁ」「ふとえぁ」「ふとや」

「ふとやコ」の形になると見られる。その源はやはり「ひとあわい」に帰一する。この「あわい」についてはいま一度触れる機会をもちたい。

〈2019・4・29〉

9 あんべぁ

十七世紀初めの外国人宣教師の手になる『日葡辞書《にっぽ》』には「えんばい」「あんばい」の見出し語があり、「塩梅《あんばい》」の語は塩と梅酢の味加減が由来と分かる。同じ「あんばい」でも「按配」（「安排」とも）は本来「ほどよく配列する」の意だった。ところが中世末から近世にかけて塩梅と混同されて共に「具合」の意味で用いられるようになったらしい。

別の解釈もある。中世以来、日本人の漢字崇拝は度を越し、地炉《ちろ》を指す「ゆるり・いろり」に「囲炉裏」、「勝事《しょうし》（恥ずかしいこと）」に「笑止」、「家居《やかい》（他家に寄食すること）」に「厄介」など、自由過ぎる当て字が行われた。柳田国男翁はこれを「節用禍《せつようか》」と名付けて警鐘を鳴らした（昔の辞書は「節用集」といい、語を漢字でどう書くか調べる「字引」であった)。翁によれば「あんばい」も「あわい(間)」の転訛《てんか》形(音がなまって変化した形)。適切な距離感覚をとった間柄を「あわい」と言い、身体的な調子・具合をも指して言ったのが、後に「あんばい」に変化したという。

「からだあんべぁわり」と用いるのは翁の説で筋が通る。体調や都合の良し悪しを表すのが「あんべぁ」だが、男女の間柄をも含意する時、微妙なニュアンスを帯びる。県内では「あんべぁいい」は夜の営みでのことを言う場合がある。キャンペーンで声高な「あんべぁいいな、あんべぁいいな」の連呼を耳にして赤面した人がいたのも宜《むべ》なるかな。

〈2019・5・6〉

10 びゃっこ

「白虎」ではなく、「ほんの少し」の意。「びゃっこ」が用いられるのは県南の横手・湯沢のあたりである。他の地域では、「こんたばっこの田持てだて何もなねぁ」(この程度の田んぼを所有していても何にもならない)のように「ばっこ」あるいは「ばり」を用いる。

「こ」(専門用語で指小辞《ししょうじ》)は多くは名詞の後について親愛・数量の小ささ・謙遜・軽侮の意味をこめて使う(「こ」の多用があきた弁の特色だとされる)。「こ」は名詞に限らず「ちっと」の後について「ちっとこ」のような使用例も見られるから、県南の「びゃっこ」も、「ばかり」という本来は接尾語だったものが名詞化したものに「こ」が添えられ、「ばかりこ」「ばりこ」を経て成立し、独自の分布領域を占めるようになった。「びゃっこ」は、それを使う人の出身地を示す目印にもなっていたのだ。

「びゃっこ」の「びゃ」の部分の発音は「べぁ」ともほぼ同じであるところから、(前回の「あんべぁ」が「あんばい」から転じたように)よそ行きの発音で「ばいこ」と言い換えた人の笑い話が伝えられているので紹介しよう。

秋田から都会に出かける人にある人がアドバイスした。曰《いわ》く、秋田は何にでも「こ」をつけるからお里が知れる。バレたくないなら「こ」はつけないように、と。そこで都会の食事の場でおかわりを勧められた際、つい「ばいください」と言ったもんで、山盛り(普段の倍)の飯を盛られたそうな。

〈2019・5・13〉

11　さるかやぎ

秋田市を中心に分布する罵《のの》りことばに「さるかやぎ！」という奇妙な表現があった。猿の貝焼《かや》きなどというものがそもそも実際に食卓に姿を見せることはないのだから、煮ても焼いても食えないシロモノのことかと想像したこともある。現に秋田市出身の作家金子洋文の戯曲『牝鶏』は「猿鍋」に「さるかやき」とルビを振っている。

だが実は「さるかやぎ」は「さるかやり」の転訛《てんか》形で、「かやり」は「返り」と同義で、鼻にかからない濁音の「ぎ」は「り」から変化したものなのだった。「かやる」と「かえる」の関係は、「耕す」と「田返す」との関係と結びつけると納得できるはずである。

「猿返り」は身軽に前後左右に跳び返る遊芸や、猿をかたどって上から回転させて落とす遊具の名から転じて、軽佻《けいちょう》浮薄な行動・人物を指す語として江戸時代からの用例が知られている。「この馬鹿者！」といっても、鈍重暗愚な存在を非難するのではなく、小知恵の効く舌打ちしたくなる人物に向けられたことばだったのである。

当世、品性を問われることばは見る間に消え去った。「差別語」の減少という点では当然としても、ある種の価値観を示すことばが貧弱になってしまうのには複雑な思いが残る。

ただし、人をたしなめる語は豊富にあればいいと思う半面、原義が忘れられてしまっては教育効果が期待薄なのである。

〈2019・5・20〉

12 しびつけねぁ

県の北部に残存している語で、「だらしない、不潔だ」という意味で記憶し使用もしているが、若い世代の人々にはとんと理解できないものとなってしまっているようである。鹿角地方では「しびたれない」という語もほぼ同義で用いられてきた。

江戸時代のことばにも「しびつけない」の使用例があるが、それは「しぶとい、強情だ」の意味で、少しニュアンスが異なる。自身の考えに拘《こだわ》り他者と同調しない性行を指して用いているが、さほど非難がましい意味を帯びているわけではない。ところが、秋田では「シミ（染み）」、すなわち「よごれ、汚点」がついている状態を言い、そのような状態は、自《おの》ずと「乱雑に取り散らかしている様子」や、やる気の感じられない「怠惰な生活態度」を咎《とが》める語として機能する。嗅覚の発達している人には臭気さえ感じ取られる不潔さを意味する語なのである。

鹿角の「しびたれない」は、「染み垂れない」と説かれ、「染み」の浸透の度合いが中まで届いていないことが、「しびつけない（ねぁ）」との違いらしい。

「ねぁ」「ない」は、形容詞をつくる接尾語「甚《な》し」であって、有無の「無《な》い」とは似て非なるものである。これは、「とじぇねぁ」が「徒然だ（さびしい）」の意味で、「ない（ねぁ）」が「無い」とは無縁であるのと同断である。

ともあれ、他人に鼻を抓《つま》むように「しびつけねぁ」などとは指弾されたくないものである。

〈2019・5・31〉

13 あくせん

花粉症で悩ましいのは、鼻水、鼻づまり、目の痒《かゆ》み、それに嚔《くしゃみ》である。かつては「くしゃみ」をすることは何かの前兆を示すものと考えられていた。自分のことを噂《うわさ》しているとか、不吉なことが起こるとか。

そうした予感を振り払うべく「くっさめ、くっさめ」と一心に唱えた老尼のことが『徒然草』に見える。注釈書類には、くしゃみをしたときの呪文が「くさめ」で、「久息万《くそくまん》命《みょう》急々《きゅうきゅう》如律令《にょりつりょう》」とか「糞《くそ》喰《は》め」からの音転なのだなどと、もっともらしいことが説かれている。が、実は「くさめ」、「くっしゃめ」も「くさみ」も、すべて生理的な発音を写したものである。秋田の「あくせん」も同類の写音語である。秋田では「あくしょ」という形で言う人もいる。

「はあくしょん」とか「はくしょん」のように、生理的な発音を「は」の仮名で写すようになったのは、語頭のハ行子音がfからhに移行してから後の松尾芭蕉のころのことである。それ以前には出だしの部分を省略して「くさめ」「あくせん」という語形を採用していたのである。

馬の歩行を促す掛け声も「あいあい」、笑い声を「あ、あ」と古い文献に記してあるのも、実際の発音にh音を伴っていてもそれをハ行の仮名で書き表す手だてがなかった時代の痕跡である。そのハ行音の変貌を推知できる類例として「あくせん」の語があるのは貴重である。ハ行音の変遷は、次回に詳しく。〈2019・6・3〉

14 くじびら

「くじびら」とは「唇」の方言形である。八郎潟干拓に際して周辺地域の民俗調査が行われた折、昭和町（現潟上市）豊川で採集された「なぞなぞ」が言語研究者の関心を集めた。「ファファにだば二度会うども テデにだば一度も会わねぁ 答えはクジビラ」というもので、今村泰子《ひろこ》さんによって『八郎潟の研究』に報告された。

なぜ注目されたかというと、ほぼ同じなぞなぞが、後奈良天皇の『なぞたて』（永正十三〈一五一六〉年）に見えているからである。曰《いわ》く「ははには二たびあひたれどもちちには一どもあはず くちびる」。

答えがなぜ「唇」になるのか長い間解けなかったが、新村出《しんむらいずる》博士（『広辞苑』編者）が正解を与えた。十六、十七世紀のキリスト教宣教師たちの記した日本語のローマ字表記が、ハ行の語をfを用いて記してあるところから、今のハ行の発音〔h〕と異なることを突き止めたのである。

インド・ヨーロッパの言語では〔p〕から〔f〕、そして〔h〕への音変化を「唇音《しんおん》退化現象」（要するに発音上の無精）として把握していた。日本語でも「母」という語がはるか昔には〔papa〕、次に〔fafa〕、そして〔haha〕へと変化を遂げるのだが、仮名文字だけでこれを立証することは困難だった。

だが、例のなぞなぞで、「はは」という語が唇を二度合わせるという具体的な発音を基に作られたと知ることで、日本語も印欧諸語の言語変化の方向と軌を一にしていることが確認されたのである。今村さんの報告は三百年以上前の古い発音が当地に残っていたことを示すものであった。

厳密に言えば、〔f〕の発音は普通は上の歯と下唇を用いる（唇歯《しんし》音）が、日本語は上下の唇を用いる（両唇《りょうしん》摩擦音）という違いがある。


〈2019・6・7〉

15 ふとった

個人・地域によって「ふとつだ」「ひとじだ」などの変異形がある。むしろ、「ふとった」の方がわかりにくい形かもしれない。あきた弁では「ひ」が「ふ」で発音されることがある。「一つだ」の意味は「同じだ」である。

漢語では、「一」は「均一」「同一」「斉一」という語を作り出す基になっている。一方、「ひとつ」というやまとことばも、「ひと」をもとに、形容詞の「等しい」「均しい」「斉しい」を生み出していて、さらに、形容動詞「一つだ（ふとった・ふとつだ）」も産出してもいる。必要に応じてことばを増やしていくシステムが備わっているのだ。

ハンサムな父親と息子を見比べて、「このあんさん、親のわげぁじぎどふとったな（このお兄さん、親の若かった時分とそっくりだな）」と使うのは構わないが、お年ごろのスリムな妹を姉と比べて「ふとったな」と感想を漏らすのはどうだろう？

心配ご無用。あきた弁では、「太った」の発音が平板なのに対し、「ふとった（一つだ）」は「と」を高く発音する。この二語のアクセントが微妙に違うからである。

東北地方の南半分は、アクセントの区別のない地域で、そちらの人に向かって「ふとったな」と言えば誤解されかねないが、他県民を交えたあきた弁での交流では笑い話の種になる語である。

〈2019・6・11〉

16 きさじこぎ

「オシャレをする人」という意味であるが、いろいろな含みがある。取っ替え引っ替え衣服を改め「いいかっこしい」をする人であり、当然、その振る舞いには傍若無人なところがあり、周囲の反感を買う人でもある。いくら個性尊重の時代だといっても、オシャレにも謙虚さが伴わなければ「生意気」だと評価されてしまう。根底には分に相応しない見栄《みえ》を嫌う地域社会のものの見方がある。

ストレスがたまるこの世の中、何かで発散することが大事だ。そこで「気散じ」（気晴らし）にオシャレに金銭を費消するのも人情として認められる。ただし「きさじこぎ」を「気散《きさん》じこき」と説くには問題がある。「きさじこぎ」は「じ」の直前が鼻音を帯びていない。このように第二音節以下の「じ」が鼻音でない場合、「ち」が変化したと理解するのが自然である。となれば、「きさじこぎ」のもとの形は「着幸《きさち》こき」として考えるのが妥当であろう。岐阜の工藤力男氏（日本語学者）のご教示による。

大して余裕もないのに「私には服（福）があって着る物に困らないから、こんなオシャレもできるわ。どう？」と、現実に目を背けた振る舞いをする人が嫌われたのである。

オシャレそのものは自己責任ですることだから、その行為自体は責められないが、見栄による経済的破綻は周囲にとっては迷惑この上ない。旧来の地域共同体の維持には構成員の協力で成り立っていたから、その一員から「かまどけぁし（破産者）」を出す事態は他のメンバーの負担を増やすことになり、白眼視されたのである。

「じんぴこぎ（人品こき）」など、分相応の範囲を越えた見栄っ張りへの厳しい視線が、あきた弁の世界に多いのには意味があったのである。

〈2019・6・14〉

17 だぶ

「塩鮪《まぐろ》」または「塩鮫《さめ》」を鹿角地方で「だぶ」と称した。今のように生鮮食品の流通が自由でなかった時代の内陸部では、おのずと塩乾物に頼らざるを得なかった。鹿角には八戸方面から馬車で運搬されたという。工夫次第では美味なる物として食されたであろうが、時には食中毒に注意をしなければならない難点もあった。

「だぶ」を運ぶ馬車に一緒に乗せられて鹿角にやってきたものも、同じく「だぶ」と呼ばれた。八戸からの芸妓《げいぎ》（または酌婦）のことである。

鹿角では料理屋、割烹《かっぽう》などを「だぶや」と言ったが、芸妓に客の相手をつとめさせることに基づいた名称に違いない。芸妓を「だぶ」と称したのは、「髱《たぼ》」（日本髪の後方に張り出した部分、転じて酌婦）の音が変化したと見るのが穏当だろう。語頭を濁音にする例は「鞄《かばん》」―「がっぱん」、「初穎《はっかい》」―「ばっけぁ（フキノトウのこと）」など、少なからずみられる。

ともあれ、馬車によって運ばれた人も品物も同じ「だぶ」の語で賄われたことは間違いない。塩乾物の「だぶ」単独ではなぜそう呼ばれたのか判然としないが、人と物の運搬事情を考えると得心がいく。

県内各地で塩鮭を「ぼだ」と称している。切り身の肉色が牡丹《ぼたん》の花の色だからだともされている。だが塩乾物「だぶ」の語形がひっくり返り、さらに「ぶ」が「ぼ」になったのではと想像することは、あながち妄想とも退けられない気がする。


〈2019・6・17〉

18 ぎごつけねぁ

「きごつけねぁ」と発音する人もいるが、二語とも同じで、「無愛想だ」とか「ぶっきらぼうだ」という意味である。「木で鼻をくくる(かむ)」態度で応接されたら思い浮かぶ評価語(何事かを評する言葉)である。

以前は「秋田商法」という客を客とも思わないような愛想もコソもない悪評高い客あしらいがあった。そんなとき、客は「あの人、ぎごつけねぁ人だな」と陰で不満を漏らした。客との応接が直接業績に反映することを知ったせいか、秋田人の接客態度もだいぶ改まったようだが、「売ってやる」気風はいつでも元に戻れそうである。

現代語の「ぎこちない」は、不慣れで無骨かつ洗練されていないためにその場にそぐわない不自然な言動をすることを評して言う。後ろ暗い何かを隠しての行動にも適用できる。対して、相手の無作法にこちらが気詰まりな思いをするときの語が秋田の「ぎごつけねぁ」である。「け」は「気」の意を添えたものと解すれば、必ずしも無関係の語だとは考えられない。

「ぎこちない」は、十七世紀初頭には「きごつない」として登場している。「話しぶりが荒くて耳ざわりな、または、無骨な」という意味だと説かれる（『日葡《にっぽ》辞書』）から、相手に不愉快な感じを与える点では「ぎごつけない」と共通するものがある。

語頭に「き」「ぎ」両様の形があるのは少しややこしいが、「義強《ぎごわ》（自分の意見に固執する頑固者）」や「木強《きごわ》（戸障子の開け閉《た》てが渋い？）」の語の存在に影響を受けたのかもしれない。

〈2019・6・24〉

19　わっぱが

「わっぱが」は「わりはか」の変化形。「はか」とは「はかどる」「はかが行く」などの「はか」（計・量）で、自己の責任下にある仕事の量のこと。それぞれが分担で割り当ての量を負うことを「割はか」と称したと解される。

一種の請負仕事をして個人が割り当て分を済ましたらそこから解放されることから、懸命にさっさと済ます働き方を「わっぱが」とも「わっぱが仕事」とも言う。その仕事が簡単にやり終えそうなときには「そえだばわっぱがだ」（それは容易なことだ）と請け合うのだが、ともすれば早く終えることが自己目的となり、「わっぱが」は杜撰《ずさん》な仕事ぶりを非難の気持ちを含ませて言うことにもなる。

『万葉集』に「秋の田の穂田の苅りばか　か寄り合はば　そこもか人の我を言成さむ（秋の田の稲穂の刈り取り場で寄り添ったら、その程度でも他人は私たちを噂《うわさ》するでしょうか）」と「かりばか」の語が見える。「はか」が共同作業の場を意味していたと考えられ、「わっぱが」の由来が古いことをうかがわせる。

あきた弁の「はか」も仕事の場を言う語として、他に「はがおれ」「はがあがり」などの言い方もあった。主として農作業の場に行くこと、その仕事を終えて帰路に就くことを表していた。機械化が進んだ現在、この言い回しがどれほど命脈を保っているか、はなはだ心もとない。

〈2019・6・27〉

20 やしめる

「卑《いや》しめる」の語頭「い」の脱落した形。鹿角地域以外に広く分布する。由利地域には「やしょめる」の形でも用いられる。自分より劣るものとして軽んじる、あるいは軽蔑することを意味する。侮る気持ちが心中にとどまることなく行動に現れると「ひやかし」からイジメということに及ぶ。これも「やしめる」と言う。

卑しめた方は大したことはないと思っていても、された側は癒やしがたい心の傷を負うことは、昨今のいじめ問題の報道で誰しも知るところ。だが、遠い昔に相手を卑しめたことなどけろりと忘れて旧知の人に近づいて目を背けられた経験をお持ちではないだろうか？　忘れきっていた過去の卑しめた事実をまざまざと思い起こすことができれば、自分の幼稚過ぎて無自覚だった罪深さを今さらながら反省するし、いじめ問題は他人事ではなくなる。

「おらえのじっちゃどごやしめねでけれ（うちのお爺《じい》さんを愚弄《ぐろう》しないでくれ）」、「おればしやしめらえでなもかもなねぁ（俺ばかり馬鹿にされてどうしようもない）」など日常的に耳にしてきた言い方であるが、頻繁に使うことがないに越したことはない。

「人を小バカにしてからかう」意味を表す語はほかに「ちょす」「ちょします」があるが、どんな字を当てるのが正解かははっきりしない。面と向かっての対人コミュニケーションの場なら、困惑した表情なり怒りを含んだ声で対応なり反撃なりできるだろうが、ネット上に「やしめる」とか「ちょす」とかが蔓延《まんえん》する世の中となると困りものである。

〈2019・7・15〉

21　あめる

欲しい家電品を「三種の神器」と呼んだ時代があった。電気釜（炊飯器）、冷蔵庫、洗濯機が登場したときのありがたさは言いようのないほどのものであった。今ではどこの家庭でもその恩恵を享受していて特に気にも留めないが、一方でそれらが登場したことで消えていったことばもある。

かつてご飯は「おはち」に移し替え、布巾をかぶせてふたをして適度に水分を吸収させて食味を保った。だが時として「ウッ」と感じることがあった。甘酸っぱい臭いがするのである。「まま、あめでしまった（ご飯の味が変わってしまった）」と落胆する。

次に採るべき方法は、飯を笊《ざる》に移し替え、水を注いで丁寧にヌメリを取り、酸味を感じなくなれば丼に入れ、刻んだミョウガやみそを加えて「水掛け飯」にして食するのである。夏の風物詩と言えなくもないが、少し情けない思いもする。

「あめる」とは食べ物が饐《す》える（腐って酸っぱい臭いがする）ことを言う。「甘饐える」の省略形ではないかとか、「酸敗する直前に飴《あめ》のように甘く感じられるから」とか、種々の説がある。だが古語の「甘ゆ」が「甘える」、さらに「あめる」と変化したものと見るのが穏当であろう。

すっぱい・にがい・あまい・からい・しおからい――の「五味」が味覚の基本だが、

実生活ではもっと微妙な感覚が研ぎ澄まされていた。冷蔵庫生活になじんで危険を感じ取れなくなり、「あめる」の語が消えることには複雑な思いがある。〈2019・7・8〉

22　あがめはだげる

だいぶ昔のことになるが、ある案件が囂《かまびす》しく論じられていたさなか、秋田出身の官房長官が記者団に向かって「そんなにあがめはだげなくても」と発言した。一瞬、狐に抓《つま》まれた様子の記者諸公がテレビに映し出された。その場に居合わせた人たちはことばの意味が理解できなかったのである。

「あがめ」は「赤目」、「はだげる」は「胸をはだける」という使い方から知られるように「大きく開ける」が原義である。分かりやすく言い換えると、「血眼になって意地を張る」ということか。あることに夢中になって興奮した目つきをするのも、この表現の範囲に含まれるだろう。官房長官の発言は理解されはしなかったが、その場を一時和ませるものだった。その効果にテレビを見ている県内の人々は目を見張ったのではなかったか？

「あがめ」は指先で瞼《まぶた》を引っ張って目の裏の赤い部分を見せ、反抗的な態度を表す場合もある。一般に「あかんべい」「あっかんべい」と呼んでいる行為である。これまた県内では「あがめはだげる」という動詞が用いられる。鹿角は「はだげる」を使わず「あがめする」とか「あがめはる」と言う由《よし》。

スマホに熱中して目を充血させることはあっても、政治の話題で「あがめはだげる」ことがなくなったと感じられるけれども、政治に携わるエライ立場の方々には「あがめはだげる」ほどのご活躍をなさるよう、期待すること切なるものがある。

〈2019・7・15〉

23 ひやみこぎ

勤勉を旨とする日本人は二宮金次郎の像を全国の小学校に配置し、「勤倹」という徳目を修身の教育目標に据えていた。外からの秋田県人のイメージも真面目で寡黙で働き者、勤勉を絵に描いたようなものだった（ようだ）。しかし、どこの世界も地図と現地とには違いがあるもの。怠け者はいるし、誰にでも怠け心がふっと湧き出すことがある。「怠け者」を意味する「ひやみこぎ」は「しぇ（せ）やみこぎ」の音変化したものであって、寒い（冷える）せいで動こうとしないわけではない。いざ働かねばというときに「背中が痛くて」とか理由をつけて動こうとしない横着者だからである。勤勉を重んじる人々には甚だ迷惑な存在で、仲間の和を乱し、役にも立たない。だからと言って、身体の不調を訴えるものを無理に働かすわけにもいかない。「背病み」という仮病を装う不心得者は手に余るのである。

同じ怠け者を指す言い方に「からぽ（ね）やみ」があるが、幹骨（身体の中心となる骨）が、肝心なときに病み出して思うように動けないという理由をつけ骨惜しみする人物を言う。

サボる理由づけは似たり寄ったりで、県内にはこの二つの言い方が多く分布している。「ひやみこぎ」に向けて「寝ていて人を起こすなかれ」と戒めた農聖石川理紀之助翁のことばは、「ひやみこぎ」と同類である者にはなかなか厳しいものがある。

〈2019・7・23〉

24 いじくされ

頑固、強情、片意地など、意思を曲げない人を指す言い方はいろいろあるが、注目したいのは「いじくされ」である。漢字では「意地腐れ」。兄弟げんかで結果が見えているのに、泣きべそをかきながらなおも挑みかかる弟に、「このいじくされ！」と言った。いいかげんにしろという意味が込められていた。

スポーツなどでチャレンジャーが負けん気を発揮する場合は、「いじくされ」との非難は受けない。最後まで諦めないのは美徳なのだ。だが社会生活では、いったん決まったことに異を唱え、妥協しない態度を取る人は疎まれる。挑まれる側からすれば、彼らはクレーマー同然の「いじくされ」なのだろう。だが諦めの悪い粘っこさやしつこさに閉口するにしても、為政者が「いじくされ」のレッテル貼りで問答無用の扱いをするのはどうかと思う。

植物にも「いじくされ」と呼ばれる厄介な存在がある。ヤブジラミ、イノコズチ、キンミズヒキなど、その種子が人の衣服などに付着することで他の場所で繁茂する野草だが、付着されるのも迷惑、取り除くのも面倒なシロモノである。

これを「のさばりっこ」と呼ぶ地域もある。わが物顔に振る舞う（のさばる）というよりも、親の背中にべったりとくっついて離れない甘えっ子のイメージから名付けられたのだろう。「いじくされ」よりはかわいらしいが、振り払うのは難儀なことである。

〈2019・7・29〉

25 たちっと

しずく（滴・雫）が少量タラリタラリと、したたり落ちる様子を写した語。屋根に消え残った雪がしずくとなって地上に落ちるさまを表現することもある。これは待ちわびていた春の到来の喜びを含んでいる。

酒飲みにとっては「たちっとなるまで注《つ》いでけれ」という時の未練がましい言い方が、何よりぴったりくることばである。もっと意地汚く銚《ちょう》子《し》の底の底まで残りなく注いでほしいときには「たちらっと」と言えば酒杯が満たされるのかもしれない。ただしビールやウィスキーについて言うことはない。

昔は酒宴の付き合いで、ごちそうを振る舞う側は客にケチったと思われないよう鷹揚《おうよう》にもてなさなければならなかったという。客の帰り際まで追いかけて杯を勧める習慣は、婚礼の場が家の座敷から結婚式場に変わるまで続いていて、これを「たちは／たちっぱ（発《た》ち端《は》）」と呼んでいた。のんべーにはまたとない機会であったろう。

一方で、自腹で飲むか、または饗応に不足を感じた飲み助は、相手に最後の一滴まで注ぐことを望む。これが「たちっと」という語が実感を込めて用いられる代表格なのである。だが今は、飲み手の「たちっと」という要望に、厳しい反応を示す飲酒環境になってきたような気がする。良い悪いは別にして。

〈２０１９・８・５〉

26 だじゃぐ

「惰弱」もしくは「懦弱」という語が国語辞典に載っている。どの辞典も語意は大同小異で「⑴気力が弱く進取の気性のないこと。怠けて弱いこと。また、そのさま ⑵勢力の弱いこと。体力の弱いこと。また、そのさま」といったところ。あきた弁の「だじゃぐ（だじゃく）」が「わがままで横着で、自分勝手な行いや性行」に向けられたマイナス評価を含むのとは、やや異なるようにみえる。

標準語の意味（気力や体力のない状態）に着目すると、本人にとっては不本意ながら何一つ満足な成果を得ることができない状況にあることが推察できる。ことばの意味の重心を少しずつずらしていけば、あきた弁の意味にたどり着く。

健康上の理由や、自己評価の高さと現実との食い違いなど、不本意な状態にある本人の振る舞いが、周囲からは「怠け」や「手抜き（横着）」、さらには「自分勝手」な行動や性行と受け止められるのは自然な意味変化として理解できる。それに「乱暴な振る舞い」まで加わって、「だじゃぐこぐ」ことは非難されるものとなった。

親に「このわらし、だじゃぐこぐな！」と叱られたとき、シュンとなってそれまでの行いを改めるか、なおも「だじゃぐわらし」を続けるかで大人への成長の度合いが測られていたような気がする。

〈2019・8・12〉

27 とどこ

蚕《かいこ》は『万葉集』の時代以来、一音節語で「こ」と呼んだ。人が世話をしなくとも野生のままで繭を作る蚕が「くわこ（桑蚕）」、身近に育てて繭を得るのが「かいこ（飼う蚕）」である。

かつて秋田の農村では養蚕が当たり前に見られた。桑の木を植え、その新鮮な葉を刈り取り、薄暗い部屋の蚕棚に運び入れる。夜となく昼となくせっせと蚕の世話をし、繭ができるまで気の抜けない毎日を過ごした（らしい）。

苦労の多い養蚕が農家の副業として行われたのは、現金収入に結びついていたからである。値の張る器物なども購入できた。北前船の回船業者や富山の売薬商人が繁栄した背景には、東北地方の養蚕も与《あずか》って力があったわけである。

高級服地の素材となる絹糸が化学繊維に押されるまで、繭の生産は熱心に行われた。農家の生活を潤すありがたいものだったから、あだやおろそかにしてはならない虫（蚕）

のことを、「尊い蚕」を意味する「とうとこ」と呼んだ。「とどこ」もその変化形である。

東北地方の北半分は「とうとこ」「とどこ」、南半分は「おこさま」「おごさま」、関東あたりで「おかいこさま」と呼んだところに、各地で蚕が特別に尊重されていたことを物語っている。

〈2019・8・19〉

28 えきてぁ

「この夏だばあまりえきてぁもんだがら、ばんげ（夜）なっても寝らえねがったな」という会話を、ある地域では耳にすることが多かったのではないだろうか。

主に由利や平鹿地域で用いられ、「えんきてぁ」と言う人も少なくない。蒸し暑くて身の置き所がないような状態を言う。

鹿角以外の地域で用いる「えきえきでー」「ゆきゆきでー」と関連があると理解すれば、もとはもっと広い地域で使われていたのだろう。山形県内にも「えきたい」が確認できる。空気がよどんで暑さのため気分が悪い。湯あたりして気持ちが悪い。人いきれで変調を来しそうだなど、「熱中症」という語が使われていなかった時代には、健康管理上とても重要なことばだったと言える。

「えきてぁ」には息も絶え絶えという感じが漂っているが、「ゆきゆきでー」の方は、ゆらゆら身体が不安定に揺れるとか、頭がくらくらするといった様子を表しているようである。源が一つだったものから出たのか、偶然似通った状況で別々に生み出されたものか、はっきりしない。「えきてぁ」と「えきえきでー」は同類と認めてもよさそうだが、「ゆきゆきでー」の方はいましばらく同源説を保留しておきたい。〈2019・8・26〉

29 てかふか

ひとには守るべき分《ぶん》というものがある（らしい）。その節度を超え、いらぬお節介口をきいたりしたときに、「おめぁの仕事やてればええべ、てかふかするな！（あんたの仕事をしてたらいいだろう、関係ないことに口出しするな）」と反発を受ける。

似た語形に「とかつか」「とかふか」「どかすか」「どかばか」など落ち着きを欠いた

慌て者を指す言い方があるが、「てかふか」と直接の関係があるかどうかはわからない。なすべきことを適切に処理するには落ち着きが肝要だが、それをおろそかにして他人の領分に踏み込み、いらぬ口を挟むのが「てかふかする」ことである。慌てん坊（ドカスカさん）がやりそうなことではある。

旧南秋田郡・山本郡あたりでは「ちゃぱたげる」「ちゃぱする」という、出しゃばりを戒めることばがある。県内では「ちょぺ」「ちょっぺ」でお節介（者）のことを言う地域も多く、これらの仲間と考えられる。江戸語の「つべこべ」に端を発するという説もあるから、元はあれこれ必要以上のことを口にすることを意味したのだろう。

ぺちゃくちゃとおしゃべりに興じている段階ならまだしも、度を越して他人のことを虚実織りまぜて口にしたり、自慢話ばかりしだすと「さべちょ（おしゃべり）」として嫌われる。さらに他人への差《さ》し出口《でぐち》（分を越えた口出し）という行動につながっていくと、「てかふか」も「ちゃぱ」も同じく非難を受ける対象となるのである。

〈2019・9・2〉

30 かまり

においを感じる行為を「かぐ」という。さらに古い形が「かむ」であったことは、日本列島の両端に「かむ」「かびゅん」(沖縄)の言い方があることから推定できる。岩手県や青森県東部には「かむ」から派生した「かまる」が分布する。

県内では、においを意味する言い方(名詞)に「かまり」、「か」「かん」、「におい」、それに「かおり」がある。いずれも、においの良しあし(芳香・悪臭)を問わない。

「かまり」は南秋田郡以北の大半の地域に広く分布する。「屁《へ》のかまりする」「いいかまりっこする」などと言う。「か」は男鹿市や山本郡の南あたりから県南部まで広く分布する。「かん」は由利の海岸部から山形県庄内地方へと連続する。県南の内陸部は「におい」の勢力が強いが、他に「かおり(こ)」も分布している。

古くは、「におい」が鮮やかに映えて見える「色あい」や「色つや」を、「かおり」が花の香・煙・霧などほのかに立ちこめるものを指す語だったが、平安時代に至って両語とも芳香を指す語に転じた。

いずれにしろ「あの人、他人の屁かまりばりかんでどうもならねぁ（あの人は他人のお追従ばかりしてどうしようもない）」というような皮肉な比喩表現には「かまり」こそがしっくりくる。

〈2019・9・10〉

31 ばし

生き物の中で嘘《うそ》をつく能力に最も恵まれているのがヒトである。嘘といっても、とっさにその場を取り繕うかわいいものから、物事を大げさに吹聴するもの、確信犯的に相手を欺くことを意図するものまで、いろいろである。

嘘を意味するあきた弁で一般的なのは「ばし」だろう。「ばす」と表記することもある。「し」と「す」の中間の音で発音されるせいで、表記に「ゆれ」が生じた。東北地方で「浜梨《はまなし》」のつもりで言っていたものを「ハマナス」と聴き取った人がいて、それが全国通用の語となってしまった例もある。

「ばし」の由来（語源）は不明だが、もとは「落ち着かない、軽率な、せかせかしている」

という意味で使われた（『日葡辞書《にっぽ》』など）。それがやがて「真《しん》」に対立する語として、派手、華美、奇抜といった、行き着くところ虚偽で繕わなければ体裁が保てない言行を非難する文脈で使われるようになる。「ばし」イコール嘘となるのは自然の成り行きであったであろう。

「ばし」は県北の一部、中央、県南の広い地域に分布する。この地域では「嘘をつく」ことを「ばしこぐ」「ばしまげる」と言う。「こく」にしろ「まける」にしろ、忌避すべきものを体外に排出したり、振りまいたりするイヤな行為である。嘘・偽りに対する厳しい倫理観の表明なのであろう。それがタテマエにすぎないことは、政治家の言説を観察していれば容易に了解できることなのだが。〈2019・9・16〉

32 じほ

心の中でかくありたいと夢想していることを、さも現実がそうであるかのように口にすることは、他人から言わせればおおむね「ほら」となる。嘘《うそ》の仲間と言ってよい。あきた弁の「じほ」がこれに当たる。

県内で「ばし」の使用域以外のところでは、だいたい「じほ」が用いられている。主に「ばし」の北側の地域である。「嘘をつく」は「じほこぐ」「じほまげる」と言い、「ばしこぐ」「ばしまげる」と同じ動詞で表現する。あまり感心できない行為について、非難の気持ちを添えて言う動詞である。

「じほ」は、もとをただせば「自負」である。自負とは「自分の才能や学問、功績を優れていると信じて誇ること、またその心」と辞書にある。他人が下す評価に比べ、自己評価は得てして高すぎるものである。

何十代と続く家柄がどうとか、ご先祖が途方もない金満家であったとかという話は、聞かされる側としてはフンフンと聞き流すことが多い。それは、話している本人の努力の結晶ではないからである。「話半分」「千三つ」という対応は、だまされないための知恵の一つであろう。

人と人とが平等に付き合うには、「じほ」に漂う嘘臭さをそぎ落とし、謙虚に正直に自分と向き合うことが何より重要だと、年金生活の身になって痛感する。「じほこぎ」

は敬遠されるのだ。〈２０１９・９・23〉

33 ばぐ

嘘《うそ》を意味する「ばぐ」は秋田市を中心に南北の海岸沿いに分布する。山形県庄内地方や群馬県でも使われており、使用域はある程度の広がりがあったのだろう。大分県南《みなみ》海部《あまべ》郡（現佐伯《さいき》市）の「ばくりょー」が嘘の意味であることから、「ばくろう」に由来する語と考えてよさそうである。

伯楽《ばくろう》（「博労」「馬喰」は当て字）とは牛馬の良しあしを見極めて売り買いする人。そこから、良しあしにかかわらず口先だけで牛馬を売買する輩《やから》を軽蔑して嘘つきの意に転用し、さらに大分では嘘そのものを指したのであろう。「ばぐ」は「ばくろう」の後半部を略したと見る。

それとは別に、「おんばぐ」の前半部を略したと見ることもできそうである。「おんばく（おばく）」は「おんばくまげる」や「おんばくたげる」のように、好ましくない言動を表す動詞と共に用いられる。格好つけやおしゃれなど、虚勢を張って相手を一歩引かせようとする行為を非難がましく表している。道に外れたことをして人を惑わすこと、あるいはごまかし、でたらめ、ずるいことを指す「枉惑《おうわく》」に由来する。

極端な発音の変化だが、先人はかくも難しい熟語を用いていたらしい。ただしこの案をまことしやかに説くと、それこそ「バグこぐな!」と非難されることになるかも。

〈2019・9・30〉

34 がおる

「心が折れる」という言い回しが最近定着しつつあって気になっているが、「がおる」はそれに近い。北海道や東北をはじめ、その他の地方でも多く用いられる。秋田も例外ではない。

「がおる」とは、つまり「我《が》折る」であろうとの説明がなされる。「オレが何とかしなければ」という張り詰めた気持ちが、もう保てなくなる状態を意味したと考えられる。

夏の暑さで疲れがたまり気力が湧いてこないようなとき、「あーあ、なしてこんたにぬぎべが、がおるな（あーあ、どうしてこんなに暑いんだろう、まいったな）」と言う。相手のペースにはめられ心ならずも同調せざるを得なくなったとき、「しょーばいじょーずのくじあんべぁにのへらえで、えらねものかってしまってがおったな（商売上手の口上に乗せられて不要な物を買ってしまい、困ったな）」と言う。

予期せぬ減らず口をたたかれて言い返すこともできず、驚きあきれ閉口するときにも「がおる」が顔をのぞかせることがある。

トキが県内に生息していたころの民話に、トンビがカラスの油揚げをヒルッターン（拾ったー）と掠《さら》い、カラスがガオッタン、ガオッタン（まいったな）と嘆き、トキがンダオン、ンダオン（そうだね）と同情したというのがある。それぞれの鳴き声を人間の言葉に置き換えているのだが、「がおる」を記憶にとどめるにはよい話ではなかろうか。

〈2019・10・7〉

35 やめなる

語源にさかのぼれば「病《やまい》になる」。「やまい」の発音が「やめぁ」、さらに「やめ」へと変化して、意味も「病気になる」から「病気になりそうだ」へとずれていったものである。実際に病気になることではなくて、「困り切って病気になりそうだ」の意味で用いる。あることが気になって平常心を保てそうもない、頭を抱えるような場合にしばしば用いる。

「あの人、呼びもさねのに飯時ってば顔出すもの。くちばし長《な》げぁしてやめなるな（あの人、招待もしないのに食事時というと決まって現れるんだもの。鼻が利いて困ったもんだ）」という場合は、迷惑の感情表現に違いない。

「いっつも置《お》でがえでばりで、やめなる（いつも人に置き去りにされていやになる）」のような場合は、期待に反する事態に対する気落ち・落胆の表明だと理解できそうである。

「雨降てで出がげるな、やめなるな（雨が降っている中、出かけるのは気乗りしないなあ）」では、おっくうな心理状態を表すのにぴったりくるように思う。

あきた弁の「やめなる」はいろいろな心理状態を自在に、融通無碍《ゆうずうむげ》に表すことができる使い勝手のよいことばだと言える。世間では「どうも」の一言が何にでも使えると重宝している（らしい）が、こちらの方がことばの味わいとしては何層倍も勝っているだろう。

「嫁ももらわねで跡継ぐのもえね。やめなるな（結婚もせず独身で家の跡を継ぐ者もいない。参っちゃうよ）」は愚痴、気が滅入る気持ちの吐露、いずれにも適している。

〈2019・10・14〉

36 しょし

地域によって「しょーしい」「しょしー」など、いろいろな形が見られるが、「恥ずかしい」「ありがとう」という意味で用いられるのが普通である。山形県や宮城県では誰かに恩恵を受けたときの感謝のことば「おしょーし」「おしょーしさま」があり、元をたどれば同じところから来ている。

漢字で「笑止」を当てて用いるが、本来は「勝事《しょうし》」（すばらしいこと）であった。慶長二（一五九七）年の『易林本節用集《えきりんぼんせつようしゅう》』（日本語を漢字でどう書くかを知るための字引）に「勝事」と「笑止」が同語として示されている。もとは賛嘆の意味を持っていた語が、感謝や恐縮、当惑の気持ちを表すものに転化したと考えられる。

感謝の気持ちはあっても即座に返礼できない場合には、面目なさの表明や謝罪のことば、恥じ入る表現などで済ましてきた。それができないと、人として恥知らずだとして物笑いの対象となる。県内での「しょしな」が「ありがとう」のあいさつであったり、「わりな（悪いね）」、「しかだねぁな（答礼のしようもない）」と言って物をもらったりするのも、この線で理解できるのである。

「あえだばしょししびしらねぁしてこまる（あいつは恥ずかしがる術《すべ》を知らなくて周囲が困る）」という人物評をかつてはよく耳にしたものだが、このごろはとんと聞かない。「廉恥《れんち》」の語が死語と化したにせよ、ほどほどの羞恥心《しゅうちしん》は必要だと思う。

〈2019・10・21〉

37　みだぐねぁ

日光東照宮に「見ざる・聞かざる・言わざる」の三猿の像がある。深遠な宗教的意味があるのだろうが、目を覆っている猿はただ不都合な事物を見ない方がいい、見たくないという所作を表しているように感じる。

「見たくない」のは、人の容貌や行動がある基準から外れていて見苦しいものと感じられ、見ないで済ませられたらそうしたいという気持ちが働くからである。「見たくもない」と「も」を添えて強調することもある。

古語では「見たくもない」が「見たうもない」とウ音便《おんびん》（発音の便宜上「く」が「う」となる現象）を経て、「みたむない」や「みっともない」に変化した。関東人は「みっともない」と言う。全国共通語として使われているのは「みっともない」一つである。秋田県やその周辺では「も」のない形「みたくない」が優勢である。

見苦しい様子や体裁が悪い状態については「みぐさい（見臭い）」とか「めぐさい（目臭い）」ということばもある。だらしない服装やTPOのセンスを欠いた言動について「めぐせぁよ」と言えば、注意を促し現状を改善させる意図が感じられる。

一方の「みだぐねぁ」は行動規範や美醜に関わる判定の語である。意地汚い振る舞いが目に余るとか、常識からずれた言動は「みだぐねぁ」と非難される。容貌について「みだぐなし」と評価が下されたらショックは大きい。陰口でもそれを言わずに済ましたいものだが、どこまで不正直でいられるか、それが問題だ。

〈2019・10・28〉

38 まめでらが

「達者でいるか」と相手の健康を尋ねるあいさつのことば。古来「まめ」の語は誠実・実直の意味で用いられてきた。日々の生活の中で誠意を尽くし、気働きを怠らず、骨惜しみしないことが美徳として求められてきたことを物語る。「まめまめしい」とか「こまめに手入れをする」とか、「まめ」を基本にしたことばは今に息づいている。

あきた弁の「まめ」は勤労に励んだ結果もたらされる「身体の健康」の意味で用いられる。日常の決まり切った事柄を着実にこなすことでこそ無事でいられるのだという確信(?)が、「まめ」の意味を限定したものと考えられる。

「まめでらが」と尋ねる行為には相手を心配する心優しさがこもっていると、評判がよろしい(ようである)。まあ、「あしびにけ(遊びにおいで)」と言われて出かけて行ったら「何で来たの」とけげんな顔をされるのが、あいさつのあいさつたる一性格でもある。

「まめでらが」が本気で安否を問うていると考える必要はないかもしれない。「どごさ」「湯こさ」のやりとりだって他人に対する過剰な関心の表れではなく、ことばのピンポンだと思えば人間関係の息苦しさは感じないで済む。それと同じだと思えばいい。

　誠実・実直という元の意味から「好色」に転じた「まめ」もある。男女間の関係において労苦をいとわず「思い」を示す勤勉な男性を指したもので、王朝時代の在原業平以来「まめ男」は多い。ただし県内ではこんな直接的な「まめでらが」の尋ね方はしない。失礼だから。

〈2019・11・4〉

39　でんぶやじん

「でぶやじ」とも。「不人情で乱暴な奴」(男鹿)、「とんでもなく理不尽で、むちゃくちゃな人物」(能代・山本)の意味で用いられる。「卑しい無骨な人、あるいは田舎の人」(『日葡《にっぽ》辞書』)というのが元々の意味であったろう。

都に暮らす高雅な人々にとって、田舎者(田夫野人《でんぶやじん》)は立ち居振る舞いに洗練を欠く無教養な存在として蔑視されていたらしい。教養がなければ、何をなすべきで、何をなすべきでないかを理解できていないから、してはならないことをも強引にやってしまう。不人情で粗暴、とんでもなく理不尽なことも平気で行える嫌われ者でもある。

「でんぶやじん」の周辺には「でぶろく(横着・わがまま・横柄)」(湯沢・雄勝)、「でぶろぐ(難癖をつけたり無茶をしたりすること)」(由利本荘)という、由来のよくわからないことばも分布している。「田夫」を基につくられた語かもしれない。いったいどんな「ご立派な人」がこんなことばを秋田に持ち込んだのだろう。

自分のことを謙遜して「でんぶやじん」と名乗るのは許されるとして、相手を「でんぶやじん」と揶揄《やゆ》したり非難したりすると今のご時世では反発を招くのは必定《ひつじょう》。だが、政治家の理路の整わない言行を目にしていると、つくづく「でんぶやじん」だなあと感ぜざるをえない「田舎者でない方々」がいる。〈2019・11・18〉

40 ほりねぁ

他人の手を一切煩わさずに暮らすことはできない相談である。何らかの形で人さまの世話になっている。労力を提供してもらったり、思いがけない親切に接したり、贈り物を受け取ったりする。その際、無言で済ますのは「人でなし」と評される。労《ねぎら》いや感謝の気持ちをことばに出さなければならない。

「ほりねぁ」は、ありがたい、忝《かたじけ》ないという気持ちを表す語である。漢字で書けば「本意《ほい》ない」。県内では「ほりねぁ」のほか「ほんねぁ」「ほじねぁ」の言い方もあるが、「本意ない」から変化した形である。

恩恵に応えるにはタイムリーな「お返し」が必要なのに、なすすべなく受け取りっ放しは不本意であり残念だというのが、「本意なし」の原義で『徒然草』などにも見えている。それが「ありがとう」「お世話さま」「ご難儀をかけました」の意に転じたのである。

県南の横手・湯沢のあたりでは「おほりねぁんす」という最上級の敬語表現も残っている。「〜ぁんす」という柔らかい印象を与える音の響きは、がさつで、無骨、無愛想というステレオタイプのあきた弁に対する評価を改めるに十分である。東北は無敬語地帯だという間違った偏見も正すことができる。

「ほじねぁ」が感謝の気持ちを表す語として使用されるのは、由利地域をはじめとして県内各地に認められる。「幼稚だ」の意の「ほんじねぁ」は別語の起源を考えなければならないが、これは別の機会に譲りたい。

〈2019・11・25〉

41　じゅっぷが

物事はほどほどが心地よい。「もう十分」というのであれば、すでに度を越している。

「過ぎたるはなお及ばざるが如し（度が過ぎるのは、足りないのと同様によくない）」と『論語』

にもある。

飽き飽きする状態を表す「じゅっぷが」は他県ではほとんど用いられることのない珍しいことばで、ほぼ県内全域に分布する。「じゅんぶが」「じょっぷが」「じゅんぶぐ」などいろいろな語形が見られるが、基は「十分」であろう。語尾の「が」「ぐ」は「ある状態」を表現するために添えられた接尾語ではないだろうか。「おが（多か＝あんまり・非常に）」のような「が（か）」、「歩けるぐなった（歩けるようになった）」の「ぐ（く）」など類例は少なくない。

「校長先生の朝礼のあいさつ、なげぁ過ぎでじゅっぷがしたでぁ（校長先生の朝礼のあいさつが長過ぎて飽き飽きしたよ）」とか、「はだはだばりしゃこ（菜《さい》こ＝お菜）さでで、じゅっぷぐしてだごどあるけな（鰰《はたはた》ばかりおかずに出て、うんざりしたことがあったなぁ）」とか、もうこりごりで迷惑している感情をピタリと表すのに最適のことばである。が、もはや後期高齢者以外は使うことがないという。

先輩はたくまずして『論語』の教えを言語生活の上に具現化している、というのはヨイショのし過ぎか。

〈2019・12・2〉

42 おもくらし

あきた弁の中では珍しい褒め言葉である。鹿角以外の県内全域に分布している。「重々しく気品がある」「奥ゆかしく立派だ」「威厳がある」という意味である。「おもくるし」の異形もあることから、「重苦しい」が褒め言葉に変化したとみられてきた。目にする物や態度に荘重な印象を受けるとともに、見る側がなんとなく気分的に圧倒されることになるから、立派だ、素晴らしいと称嘆してこの語を用いるようになったのだろうと考えたことがある。気圧《けお》されたと感じることが、相手のすばらしさを認めたことになるというわけである。

だが、重々しい様子は威圧感を与えると同時に、反発を招くこともある。同じ「おもくらし」が男鹿市では「もったいぶった様子」、湯沢・雄勝では「わざとらしい」という否定的ニュアンスを帯びて使われる。

「おもくらし」の「くらし」は、「苦しい」ではなく、形容詞の意味を強める語尾として理解できそうである。「おめぁの話くでくらししてやざがねぁ（あんたの話はくどくていけない)」など、「~くらし」の用法はもっと広がりがあったのではないだろうか。「重々しい」が褒め言葉として機能することは否定しないが、「気品」とか「威厳」とかの重々しさは、演じて醸し出すのは至難なことである。それに値するかどうかを値踏みした側のシニカルなものの見方が、どちらの意味にも解釈できる「おもくらし」ということばに反映しているものと思う。

〈2019・12・16〉

43 がへねぁ

江戸語で「がせい」というと、骨身を惜しまず一生懸命に働くことを意味する。勝ち気で意地っ張りなさまにも用いられたが、これは自分の働きを自負して振る舞うことから転じたものだろう。「我精」「我勢」「我情」などの字が当てられるものの、「が」も「せい」も語の本質が十分解明されているわけではない。

あきた弁では鹿角地方を除いて広く通用し、「ない」または「抜ける」と一緒に用いられる。「がへねぁ」といえばスタミナが続かない状態を指し、「がせぬげる」とは「気力がなくなる、やる気が失せる」ことをいう。

事を遂行するには気力・体力が充実していなくてはならない。しかし中途で投げ出して周囲の期待を裏切る場合もある。もとはといえば体力か気力の欠如によるのである。どちらかでも欠けていると、事を頼もうにも当てにはできない。「がへねぁ」人物には「頼りない」「意気地がない」「ふがいない」などの評価がついて回る。

「あえだばがへねぁしてあでなねおん（あいつはスタミナがないから当てにできないもの）」と言われるよりは、「しごどしめぁまででがすもの、がへつえーな（仕事を最後までやり遂げるなんて、体力・気力が強いな）」と評価されるに越したことはない。ただし「健康寿命日本一」を目標とする土地に暮らしながら「がへねぁ」と言われずに済む高齢者はどれほどいるだろうか？

〈2019・12・23〉

44 うるがす

コメ・マメ類をはじめ、固形物を水に浸して軟らかくすることを「うるか（が）す」

と言う。東北地方に限らず新潟や栃木、熊本県などでも用いるから、相当通用したことばだったのだろう。

汚れのひどい衣類をたらいの水に漬けたままにして洗濯しやすい状態にすることも「うるがす」と言う。「うるおす」「ふやかす」の二語を一緒にしたような語である。「うるけ（げ）る（水に漬かってふやける）」という自動詞と対に用いられることもある。こちらは、長風呂をして皮膚がふやけるとか、紙などが水分を含んで用をなさなくなった場合を指して言う。

注目したいのは「うるか（が）す」が「水に浸して放置しておく」から転じて「物事に何の手だても講じないで放置したままにしておく」という秋田独特の用法が見られることである。無意識に放置するのではなく、故意に手を付けないでおくことを「うるがす」と言うのである。青森県津軽地方では、鍵を差し込んだまま抜くのを忘れたことを「かぎ、うるかした」というらしいが、そうした例は秋田県内では見られない。

当事者は機が熟するのを待つための時間稼ぎと言うかもしれないが、どこか言い訳めいている。時間がたてばおのずと解決できるものは「うるがす」のも一策だろうが、課題に即応しなければならないのに打算で時間を空費するのは賢明とは思えない。

〈２０２０・１・６〉

45 おっさん

「おっさん」とは和尚さんのことである。語頭の「お」のアクセントが高いから、いい年をした男性を意味する「おっさん」とは耳で聞けば容易に区別できる。

仏教界では「和尚」とも「和上」とも書くが、読み方は宗派によって違いがある。明治期の学僧、織田得能《とくのう》師によると、天台宗では「かしょう」、法相宗・律宗では「わじょう」、禅宗では「おしょう」と読む。「おっさん」は禅宗が日本に伝えられて以来の呼称に基づいているのである。

戒律・修行の厳しい禅寺の住職を「おっさん」と親しみを込めて呼んできたことは、心に留めておきたい。葬儀料がいくらとか、お布施の額がどうとか、そうしたことは寺院を維持経営するのには欠くことのできない関心事であるかもしれないが、そのことを口に出したら、もはや「おっさん」とは呼ばれない。江戸時代の笑話集には、金持ち相手に「茶売ろう」とするから住職を「長老《ちゃうらう》」と言うのだろうと当てこすっている記事が見える。俗物宗教家への皮肉である。

衆生《しゅじょう》を済度《さいど》し、忍苦のこの世に一抹の生きる希望を与えてくれる、親しめる宗教家だからこその「おっさん（和尚さん）」なのだ。「あのぼんず（坊主）」などと陰口をたたかれることなく、いつまでも「おっさん」と慕われてほしいものである。

〈2020・1・13〉

46　ほえんさま

鹿角地域を除き、神主のことを「ほえんさま」と呼ぶ。法印《ほういん》さまといえば、もとは最高の僧位を意味していたが、いつしか僧侶全般を指すようになり、中世以降は儒者・仏師・連歌師・医師・画工にもこの称号が授けられ、果ては修験者《しゅげん》（山伏）を意味するに至った。

修験道の行者は神仏いずれにも奉仕したので、僧侶と神職を兼ねることが多かったようであるが、明治維新時の神仏混交を排する動きの中で、神主としての地位を確保した。「ほーいんさま」（岩手・山形・神奈川、長野）、「ほいさー」（鹿児島）、「ほいどん」（熊本・宮崎・鹿児島）の語が、神主を身近な存在として敬意をもって用いられている。

神職にも神宮や大社などのお社には宮司や禰宜《ねぎ》などといった職位があるけれども、「ほえんさま」はそうした社格とは別で、小規模な堂社を守ってくれる神主に対する庶民間の呼び方である。

県北部には「ほげさま」の語で神官や祈祷師を指す言い方がある。「ほういんさま」の音変化したものという見方のほかに、「法眼《ほうげん》さま」（「法眼」は法印に次ぐ位）が神職の名称として採用されたという考えもある。この語も長野県に見られるから秋田県限定というわけではない。

地鎮祭・上棟式や春祈祷などに招き入れる際、「ほえんさまに祝詞あげでもらう」などと言うが、感覚的には祈祷師を頼るのに近い気がする。

〈２０２０・１・20〉

47 うだで

秋田・岩手両県に見られる「うだで」は、事態がどんどん進行してひどい様子を表す語として『源氏物語』にも見える。進行する方向が良いのはまれで、悪くなる方に偏っていたので、「悲しい」とか「苦しく切ない」状態を表現していた。山形・新潟では「う」が脱落して「だって」の形で使われている。

秋田県内での用法は、ある種の不快感とともに対象を疎ましく感じ、拒否・警戒する気分を帯びている。目を背けたくなる悲惨な状態、浅ましい行い、残忍な事件、すべて「うだで」で表現できるのである。

「タヌキ、車にがてひがえではらわだででらっけ。うだでがったな（タヌキが車に轢《ひ》かれて内臓が飛び出ていたな。気持ち悪かったな）」とか、「人の親切えーごとにだまがしたりしてうだでもんだ（人の親切をいいことに人をだましたりして嫌なやつだ）」とか、さらには、「気味が悪い」「つらい」「ひどい」「きたない」などの意味領域をカバーしている。

「うたてし」が古くから便利なことばとして使われ続けた結果、全国各地にその「子孫」

が存在する。岐阜県の飛騨には「ありがたい」、滋賀県では「如才ない」、青森県津軽では「無理だ」と、なんで？　と思われるような意味で残っている。江戸時代の仙台方言を集めた辞書『浜荻《はまおぎ》』には「うたていこと」と見えていたのが、現在の仙台市では確認できない。というように有為転変ははなはだしいのが、ことばの宿命なのであろう。

〈2020・1・27〉

48　けぁねぁ

漢字で書けば「甲斐《かい》ない」。甲斐とは「広辞苑」に「行動の結果としてのききめ。効果。また、してみるだけの値打ち」とある。元は「はりあい」を意味するやまとことばで、「甲斐」は当て字。無理に漢字にするなら「詮」が適当か。

標準語では「わざわざ出かけた甲斐がない」などと使うが、あきた弁では、体力・知力が足りない状態や人物に対して「けぁねぁ」を用いる。

「おらえの嫁っこけぁねぁしてこまる（うちの嫁さんは病弱で困る）」と言えば姑《しゅうとめ》の

愚痴であったり、「このごろけぁねぁぐなって畑さ行ぐなもおもやみだもの（このごろは体力がなくなって畑に出かけるのもおっくうなんだよ）」と言えば、老化で体力の減退を悩む嘆き節であったりする。

自分を「けぁねぁ」と言うのは構わないが、他人に言及する際には気をつけなければならない。「こんたミスして気付がねてが、頭けぁねぁてねが（こんな単純ミスを犯すなんて、頭悪いんじゃないの）」と意地の悪い上司が言えば確実にパワハラだと指弾される。能力（脳力）の欠如を突くのは差別語になることを肝に銘じておかなければならない。

あきた弁に叱りことばが多いとはしばしば言われるが、時代と文化が変わればおのずと使えない表現も生じてくる。使えないことばを負の遺産としてどう自覚してあきた弁の世界を泳いでいくのか、誰にとっても小さな問題ではないはずである。

〈2020・2・3〉

49 ほんじねぇ

子どもが大人になりきってなくて聞き分けがない状態は「がんじぇねぇ（頑是《がんぜ》ない）」と困り者の扱いを受けるが、大人にも似た御仁《ごじん》はいる。話し始めると取りとめがない、やることとなすこと非常識だ、といった「空気の読めない」人物を幼稚だと評価した語が「ほんじねぇ」である。

ヘマをやらかした当人が頭をかきながら「このごろほんじねぇして」と言い訳にも用いる。立派な大人になるための反面教師としての「教育語」だろうが、親に叱責《しっせき》を食らうのはまだしも、世間での「ほんじなし」との陰口にはきついものがあるように感じる。

医療の現場で「ほんじねぇぐなった（正体がなくなった、意識を失った、危篤状態に陥った）」は深刻な病状を指す場合がある。方言による微妙なニュアンスの違いを心得ることは、地域医療にとって重要な意味を持つ。

「ほんじねぁ」は「方図《ほうず》ない」に由来すると言われる。程度が甚だしい、途方もないという意から、とても理解し難い思考や振る舞いに向けてあきれた気持ちを込めて用いたのだ、と。

いや「本地《ほんじ》ない」に由来し、本来のあるべき姿を失って正気でない状態を言うのだとの説もある。さらに「ほんじねぁ」が分布する周辺（宮城・山形など）には「ほーだいない」の語があり、「放題（わがまま）」あるいは「傍題《ほうだい》（本題を外れること）」から変化したとか、諸説あって明確なことはわからない。ほんじねぁ頭で考えても収拾はつかないのである。


〈2020・2・17〉

50 くされたまぐら

「たまくら」とは鉈《なた》や鎌などの柄《え》と刃の部分を固定させる金属の環《わ》の呼称である。この環が腐食でもしてゆるゆるだと、何にでも嵌《は》まる一方、緩いが故に役に立たない。県下全域で「何にでも首を突っ込み、口出しをする人」を「くされたまぐら」と言う。役立たずの意味もしっかり保っての悪口なのだ。

旺盛な好奇心と何でもできるという自負心がいろいろな場面での口出しになるのだろ

う。だが肝心の事案には十分な貢献ができるほど役には立たず、周囲にとっては迷惑この上ない。またか！　と舌打ちしたくなる人物なのである。物事への積極性だけは評価するにしても。

にかほ市では「ぼっこれ（壊れた）たまぐら」という形で用いられることもある。意味は同じであろう。「たまくら」を「霊座《たまくら》」と解し、壊れ果てて使用に耐えなくなった葬具（たまくら）だから「役立たず」なのだ、と考える向きもないではない。だがそれでは「何にでも嵌まる」の意味としっくり結びつかない。

学校の自由作文の際に題目を付けるのに困った子が「くされたまぐら」にしたという話を聞いたことがある。何を書いても教師にとやかく言われない、なにしろ何にでもあて嵌まるというのが「くされたまぐら」の真骨頂なのだから、と。

面白い作文になったかどうかは知るところではないが、ユーモラスな知恵を絞ったものだと思う。

〈2020・2・24〉

51 こみっと

人の集まりも、大人数なら形式を重んじた肩肘張った物の言い方や行動が優先されがちだが、懇親を目的とした少人数の集まりなら肩寄せ合い、むつまじい雰囲気が重要視される。そんな、円くなってくつろぐことを古語では「円居《まどい》」と言い、あきた弁では「こみっとやる」と言っている。

「きんなおらえでどやぐどこみっとのんだ（昨日俺の家で内輪で親密に酒を飲んだ）」というように、仲間同士で、こじんまりと、しんみりと親睦を深め合う場合に用いる語が「こみっと」である。語感が英語風でもあり、興味関心が寄せられることも多い。

もともとは「こんみり」という複雑微妙な状態を表す語からきていると考えられる。「このあえものこんみりした味してええな（この和《あ》え物、何とも濃厚でいい味だな）」のように、えも言われぬ味わいがあることや、祖父母が孫にたまらなくかわいらしさを覚える感情、「運転してでこんみりねぷてぐなって困ったでぁ（運転中に我慢できない眠気に襲われて困ったよ）」など、「こんみり」単独で使われることが多いが、後ろに「と」がついて「こんみりと」から「こみっと」の形を生じたもののようである。京阪の方言では容易に標準語訳できない語として「はんなり」が挙げられて自慢の種にされるが、あきた弁の「こんみり」「こみっと」も負けず劣らずの優れた言語財産だと言ってよいだろう。

〈2020・3・2〉

52 かちゃぺねぁ

人は見た目が大事だという。押し出しがよくて貫禄を感じさせ、しかも上品とくれば言うことなし。だが期待に反して見た目が貧弱で、いかにも下品な感じを与える人物も少なくない。こんな人を鹿角以外の地域では「かちゃぺねぁ」と言う。「かちゃ」は「嵩《かさ》」に由来するのだろう。貧相な風体に失望して、けなした言い方をしたものと思われる。

鹿角あたりでは「あちゃぺねぁ」の形で、軽薄なことを非難している。「あちゃぺ」は「浅み」の音がなまったもので、「ねぁ」は「とじぇねぁ（寂しい）」と同じように「甚だしい」を意味する接尾語とみられる。やはり威風堂々とした印象を与えることをよしとしたものであろう。

「かちゃぺねぁ」と「あちゃぺねぁ」の二語は由来を異にする語と考えられるが、期せずして「軽薄」「下品」の判断を外見で下した点で一致する。

このように風貌や服装の印象が人物評価の基準となっていたからなのだろう、立派な形《なり》をした詐欺師がつけ込むのだ。人の価値を推し量る際に留意すべきなのは、相手の言行が一致しているかどうか、相手の大ボラに惑わされていないか、肩書を額面通りに信じ込んでいないか、などの点である。昨今の特殊詐欺の被害額の大きさは、見た目や話しぶりといった印象に頼り過ぎることも一因ではないかと、老婆心ながら案じている。

〈2020・3・9〉

53 よねねぁ

旧南秋田郡、能代市、山本郡の一部に限られるようであるが、「ぼんやりしている」「うっかりした」などの意味で用いられる。もとになった語は「余念無《よねんな》い」。何かしら懸命に物事に打ち込んでいる様子をいうのだが、「よねねぁ」は、一事に夢中になってしまい他のことに注意が向けられなくて、ハッと気づいたときには周囲から何もしていないと白い目を向けられる状態を指すことが多い。

「このごろ手こ洗わねばどばし思って、歯磨ぎ忘えでだ。よねねぁぐしてでだめだな（このごろ手洗いを励行しなくてはとばかり考えて、肝心の歯磨きを忘れていた。うっかりしていてだめだなあ）」

あれもこれも十分に配慮しなければならないのに、一点に集中しすぎて不本意な結果を招く原因を「よねねぁ」に求めているのである。何事かに力を傾注することそのものは悪いことではないが、他への心配りがおろそかになると、何もしてないのと同じに見えることになる。時に優柔不断だと自他共に否定的な評価をしてしまうこともある。

「よねねぁ」の語の使用には物事に没頭するあまりの功罪、むしろマイナス面が顔をのぞかせている。『論語』にも「過ぎたるはなお及ばざるが如し（度が過ぎているのは、それに至らないのと同じである）」とある。ほどほどのバランスをとるのが大事ということだろう。

〈2020・3・23〉

54　さだげねぁ

誰かが何か醜態を演じたとき、厳しい人だったら「さだげねぁな（恥ずかしいな）」と一刀両断に切って捨てる。演じた当人も「さだげねぁな」と口にすれば、それは面目なさを表明したことになる。両者に共通する気分は「情けない」という感情である。

「しどけない」を語源とする説もある。「し」がどうやって「さ」に変化したのかうまく説明がつけられないが、意味上の重なりは認められる。

緊張が緩んでだらしない状態や、服装や身の回りに注意が行き届かず、だらけた印象を与える様子や生活態度を否定的に捉えたのが「しどけない」である（もっとも『源氏物語』はゆったりとくつろいでいるさまをこう表現しているから、最初からマイナス評価だったわけでもなさそうだ）。

「さだげねぁ」も、締まりのないいい加減な生活態度を、もし自分だったら恥じ入るしかないはずだと推量して、見苦しい、恥ずかしいという意味に用いたと考えられる。

非難される方は、面目ないという意識で同じ語を使用する。この語は、由利・湯沢・雄勝から南秋田郡あたりまでの広い使用分布域を持っている。が、非難がましいニュアンスを帯びているせいか、穏やかな気性の人は日常あまり使用しない。

「募ってはいたが募集はしてない」などの迷答弁をした高位の人を「さだげねぁ」とあきれるのは攻撃的に過ぎることなのか、そうでもないか。

〈2020・3・30〉

55 あわけねぁ

高級な備長炭《びんちょうたん》と違って、いまどきの格安の木炭をバーベキューに用いると、想像していた以上に燃料としてのもちが悪い。これを「あわけねぁ」または「あわげねぁ」と言う。青森では「あばけね」と少し語形を異にするが、意味は同じ。あっけなくて物足りなさを感じることを表す。当然、不満な気持ちを含んでいる。

はかなく終わってしまうことは、期待していたことが実現せず「あっけなく」ジ・エンドを迎えることでもあるので、「あわけねぁ」は「あっけない」の元となったか……

と思いきや、ものの本には「淡気甚《あわけな》い」ではないかとの説が掲げられている。語尾の「ない」は「徒然《とぜん》ない」の「ない＝甚《はなは》だしい」と同じだというのである。淡泊であるとの特徴を押さえているけれども、不満で張り合いがないという点では「飽気ない」も考慮してよいのではないか。

実際には「淡気」「飽気」の二語と、「無い」「甚い」という異なる性質の二つの「ない」をごちゃ混ぜにして用いているのではないかと思われる。

「あの人、けさ亡ぐなったど、あわけねぁな（あの人けさ亡くなったって。はかなくて残念だな）」と薄命を惜しむ場合にも言えるし、「郷土力士の取組見でらば、あわけねぁぐ負げでしまったおん（郷土力士の取組をTVで見ていたら、何の造作もなく負けちゃったんだよ）」と、少しの悔しさをにじませて相撲評論家にもなれるのである。〈2020・4・14〉

56 おどげでねぁ

東北各地で用いられる「おどけでない」は、容易ではない、並大抵ではないという意味で用いられる。秋田県内でも広く「おどげでねぁ」の形で使われる。冗談、しゃれ、戯れの意味でも「おどけ」が使われるから、「お道化でない」から来たとの見方もないではない。

だが冗談ではないと言っても、笑わせるためにバカな振る舞いをすることを戒めているわけではない。笑えるような状況ではないということに力点があるので、違った観点からの検討が必要だろう。

『源氏物語』には「おどく」という語が見え、大様《おおよう》に構える、あるいは温和なさまをすることを表している。平穏な日常にあっては美徳とされることでも、緊急かつ非常の事態に即応しなければならない場合、何をもたもたしているのだと反発を食うことになる。大様にしている（おどけている）場合じゃないぞ、というのが「おどけでない」の原義だったのではないか。

パンデミック（疫病の世界的な流行）の兆しが見えていたとき、「こえだばおどげでねぇな（これは容易ならざる事態だ）」と不安に感じた人も少なくなかったはず。不安は的中し未曽有の混乱を来している。

犠牲者が「おどげでねぁ」数だったり、医療の現場が「おどげでねぁ」崩壊の危機にさらされたりといったことは、「ふざけ」や「冗談」では済まされないのである。いま一度「おどげでねぁ」の意味をかみしめてみたい。〈2020・4・20〉

57 とどりねぁ

「とどりねぁ」は「取り散らかして乱雑だ」という意味で用いられ、「だらしない」の意味でもやや広く分布する。「とどりけねぁ」「とどりとっぺねぁ」という形も同義で用いられる。

東北では「とどろない」(岩手・宮城・山形)「とどらない」(岩手・山形)「とどろくそない」(青森)が「だらしない」「いいかげんだ」を意味する語として分布する。秋田の「とどり」も元は取り散らかした様子を言ったもので、語尾の「ねぁ(ない)」は「甚《はなは》だ」を意味する「甚《な》い」であろう。それが「とどりけ」「とどりとっぺ」と発展していくにつれて、語尾が「取り留めがない」の「無《な》い」と受け取られるようになったと考えられる。

「なんもかだつけでねぁしてとどりねぁぐしてるども、まんずあがってたんえ（何にも片付けてなくて取り散らかしているけれど、まずは家の中に上がってください）」と言い訳に用いたり、「おらえのおど、よえばとどりねぐなるもの（うちの亭主、酔うとだらしなくなるのよ）」と愚痴のタネとして使用される。

「取り散らかしてだらしない」ことは言動の締まりのなさにも及ぶ。「あのふとあいさつに立でばとどりねぁして（あの人あいさつに立てば締まりがなくて）」。聞かされる側は時間の無駄だし迷惑でもある。かといってカンニングペーパーを盗み読むがごとくプロンプターをにらんで演説されても、心には響かないしなあ。

〈2020・4・27〉

58　ちゃこ

幼い子はイヌをワンワン、ネコをニャンニャンと鳴き声をまねて呼んだりする。これを幼児語という。ネコを意味する「ちゃこ」「ちゃぺ」「ちゃちゃ」も、もともとはネコを呼び寄せる際の舌打ちの音に基づいた幼児語だった。

幼児語はいい年をした大人が使うものではないのだが、「ちゃこ」「ちゃぺ」はネコを呼ぶときだけでなく、ネコそのものを指す場合や、飼いネコの名前（大介のような固有名）としても用いられていた。現在のペット尊重の時代では考えられないほどの、おざなりな名付けである。

イヌにしても「しろ」「くろ」「ぶち」など毛色にちなんだ名前で済ますことが多かった。今は消滅してしまって確かめようもないのだが、文献によればイヌを指すことばに「かか」とか「ぶこ」という語があった。「かーかー」と呼び寄せたり、イヌの激しい息づかいを活写した音に基づいているのであろう。

「ちゃぺ」は青森、山形、北海道にも分布する。語尾の「ぺ」に親愛の情を込めて広く用いられたものと考えられる。

一方、これをアイヌ語起源と解く人もいるが、安易に他言語にルーツを求めることには同意しかねる。まずは身近な現象、身近な命名の在り方に目を向けて説明すべきであろう。

〈2020・5・4〉

59 あごわかれ

送別会の季節になると、「あごわかれ」という名の宴会が催される。これきりでお別れと、泥酔するほど痛飲するので「顎《あご》別れ」なのかというと、さにあらず。そもそも痛飲と顎とはあまり関係なさそうである。

実は「網子《あご》別れ」という北海道からもたらされた語で、ニシン漁などの出稼ぎ漁師たちが持ち帰った行事に由来する。網子とは網元の下で働く漁師のこと。漁期を終えてそれぞれの郷里に帰るにあたり、網元が慰労のために主催したり、網子が自主的に開いたりしたお別れパーティーが「あごわかれ」である。

その呼び名のまま郷里の生活の中にまで拡大定着したのだが、もとの意味が理解されないまま「顎別れ」のつもりで開催されているようである。

北海道には甘藍《かんらん》（キャベツ）のことを「かいべつ」と呼び、内地へ送り出した語だという説がまことしやかに流布している。東北でキャベツを「けぁべち」と発音すると理解し、「けぁ」を「かい」と読み替えて（勝手に訂正して）用いたことが、東北からの移住者にも浸透し定着した。このことが逆に内地への波及説につながったようだ。

だが北海道から持ち込まれたことばは予想外に少なく、アイヌ語由来の語も自然地名を除くとあきた弁では無きに等しい。そんな中で「あごわかれ」は例外的に北海道由来の語なのだ。


〈2020・5・11〉

60 けらつき

古代の豪族、物部守屋は仏教の興隆を快く思わず抵抗勢力となったが、破れて怨霊となり、数千万羽の鳥となって四天王寺の堂舎をつつき破ろうとした——と各種の説話に出ている。この鳥こそ啄木鳥《きつつき》である。対して聖徳太子は鷹《たか》に身を変じ、かの鳥を降伏させたとある。

県内では「きつつき」「きつつぎ」という形のほか、県南、県北部に「けらつつき」、県南部に「けらこつき」「けらこ」、秋田市や鹿角、仙北のあたりに「けら」の呼称が分布していた。青森県南部地方や岩手県全域には「てらつつき」を軸に「てらつき」「てらほんずき」「てらっぽ」の呼称が分布していることが、昭和四十六、四十七年度東北大学の調査で分かっている。

これらを並べて語形の新古を検討すると、古さの順では「てらつつき」「けらつつき」「きつつき」となることが、地理的な分布からも文献の出現順からも確かめられる。⑴つつく対象がキクイムシ（テラムシ）と捉えた時代、⑵鳴き声をキャラ（ケラ）と認識した段階、⑶「啄木鳥」の字面にひかれて漠然と「木」をつつくと見た時代があったのである。命名には視力や聴力が関係しているが、秋田県内での呼称は岩手県内のそれよりは新しい形を採用しているのである。

ふと疑問がよぎった。岩手生まれの歌人石川一《はじめ》は、筆名（ペンネーム）に用いた「啄木」を母語《ぼご》（古里の言葉）でどう言っていたのだろうか？　まさかとは思うが、「イシカワテラツツキ」では落ち着かない。


〈2020・5・18〉

61　けなり

何か通常とは異なっていることを古語では「異《け》なり」と言った。特に能力、様子、心ばえなどが優れている場合に用いたが、中世以降、自分と異なっていることを褒め、うらやむ心情をも表すようになった。それが「うらやましい」という意味の形容詞「けなりー」「けなるい」になり、秋田に限らず全国の各地に分布する。県内に見られる形は「けなり」である。

「おめぁのどごだば田も畑も作《さぐ》えくて、けなりな（お宅のところは田も畑も豊作でうらやましいな）」のように、よく耳にする。隣の芝生は青く見えるものだが、あまりしつこくうらやむと「けなりがる」輩《やから》として疎まれたり非難されたりするので注意が必要だ。

ところで、県の中央部には「けんなり」というイヌやネコを褒める言い方がある。不審者を退散させたりネズミを捕らえてみせたり、何らかの手柄を立てたときに「けんなり、けんなり」と頭をなでてやるのである。この「けんなり」も「異なり」の変異形である。いつもは惰眠をむさぼっている存在が思わぬ成果を挙げたことへの称賛なのだ。

標準語の中にもこの気分を残しているものがある。徒競走で転んでベソをかきながらも起き上がって走りだすと「けなげだ」と評する。「健気《けなげ》」は当て字で、「けなり＋《プラス》気」

の「り」の脱落形なのである。そんなこと分かっていたよという人には、「けんなり、けんなり（よくできました）」と拍手。〈2020・6・1〉

62 もったりまげだり

政府が実施しようとしている政策を、どこかの有力者？ の横やりで取り消したり再び実行しようと右往左往したりするさまを、外野からあきれ顔で評論するとき、「もったりまげだり、なんともなねぁな（右往左往優柔不断でどうしようもないなあ）」と言う。

もともとは器に食物を盛っては、また他の器に戻す動作を繰り返すことを言ったものである。「盛ったり撒《ま》けたり」の繰り返しは、決然たる態度とはおよそかけ離れていて、いかにも頼りない。「撒く」から派生した「まげる」は、水を撒くだけの動作よりさらに意識的で、無意識の場合の失敗「まがす」という表現とセットになっている。

日常生活は計画を着実に実行してゆくのが望ましいのかもしれない。それが順調に進められないのは金銭問題が絡んでいたり、複雑な人間関係のしがらみにとらわれたりしているからだろう。行き当たりばったりの思い付きの行動のせいもある。それでもわれわれ凡夫には言い訳が許されるが、責任を全うしなければならない立場の人間は、美辞麗句をもてあそんだ上に腰の定まらないことを続けていては付き従う人がいなくなるに決まっている。

「朝令暮改」という漢語表現もあるが、秋田県内全域で通用する「もったりまげだり」が為政者に向ける評語としてはふさわしい。庶民の観察と評価に曇りはないもの。

〈2020・6・8〉

63 こべぁはえ

大人に対する評価として用いられることはまれかもしれないが、「こべはえ」「こべぁはやい」というのは「すばしっこい」を意味することばで、身のこなしが素早いことのみならず、機転が利き、頭の回転が速いことをも含んでいる。「あえだばこべぁはえがらラグビーの選手になれるべ（あいつは身のこなしが俊敏だからラグビーの選手になれるだろう）」のように動作の機敏さを言うことが多い。

しかし、単に運動神経が優れているということにとどまらない。大人にも当てはまることだが、変わり身が早いという「人柄」に関しても言うのである。計算高く、素早く情勢を読み取り、相応の対応ができる人物を評して言うのだが、褒めことばではない。いざとなれば当てにはできないという意味を含んでいる。

頭の回転が速いということから「こべぁ」は「こうべ（頭）」とも思えるが、江戸語での使用例からすると「こうばい（勾配）」に基づいていると考えなければならない。勾配がきついことを「勾配がはやい」と言い、勾配がゆるいことを「勾配がぬるい」と言っていたのである。「ぬるい」は「のろい」の訛《なま》りで機転が利かないことも表した。

あれこれ気が回ると、かえって事態を変転させてしまうことも多い。「こべぁはえ」人は逃げ足が速いから、責任を取る段になると「われ関せず」という態度に転じ、世間から「ご都合主義」などと指弾されることもあるそうな。〈2020・6・22〉

64 ふけさめ

その日その時分に体温など病状が一定しないことや、景気が上向いたり業績が下がったりと不安定なこと、さらに上機嫌な人が突然不機嫌になるなど、むらのある状態を指す。

病状や業績なら安定する時期（病気では「なかなおり」という語もある）を待つ手もあるが、人との付き合いではなかなか難しい。自分のせいではないのに突然嫌みなことを言われたり、意地悪されたり。君子危うきに近づかずといっても、相手は最初から不機嫌なわけではないからである。

この好・不調の波のある状態を漢字で表せば、「蒸け・冷め」でも「耽け・醒め」でも「更け・覚め」でもいいのだと思う。県内はもちろん、東北各地で通用することばだ。状態のよしあしにも、気分の好悪感覚にも、広く用いることができるのが取り柄《え》である。と言って、全国で通用する語となっていないのが地方語の地方語たる妙であろう。

「あれだばふけさめあってゆだんならねぁ（あいつは気分にムラがあって油断できない）」

とか、「おらえのおが、にゅーいんしたども、まだふけさめあってたいいんでぎねぁど（女房が入院しているんだけど、まだ症状が安定しないので退院できないんだと）」とか、方言だと意識せずに使用している人が少なからずいる。この先、消滅を免れる可能性の高い語だと言いたいが、若い人々の間にあまり聞くことのできなくなりつつあるのが気がかりではある。

〈2020・6・22〉

65 まよう

凡人には煩悩がつきものである。どんな方法をとったら事がうまく運ぶか、進むべき道はこれでよいのか。迷子のような状態を、かつては「惑《まど》う」と言ったが、時の移ろいとともに「迷《まよ》う」とも言うようになった。

同じようなことは「弁償する」という意味の語でも見られる。他人の物をなくしたり壊したりすると、同じ物で弁済するかそれに見合った金銭で埋め合わせする。これを県内全般に「まよう」と言う。鹿角地域で「まよる」、秋田市以南では「まゆう」も見られる。

秋田市や湯沢雄勝地域で見られた「まンどう」は日本列島の両端に分布していることから、「弁償する」を意味する古い形だったと考えられる。古語でも「償《まど》ふ」の語が確認できる。だが「惑う」と同音衝突（同音異義語の勢力争い）の末に劣勢いかんともし難く、「まよう」の側に身を寄せることになったらしい。

「まよう」も最初は繊維が撚《よ》れて織り目が偏り、糸筋がもつれることを意味した。それが「事が錯雑し右往左往する」を経て、どうしてよいか心が乱れて整理がつかない状態を表すようになった。「まよう」はここでも同音衝突の結果、「償《つぐな》う」の意味で「たじける（たてかえる）」という別の形を生んだ。他人に代わっていったん金を払うことを「立て替える」と言うが、それを自分に責めのある弁償の意にしたのである。ややこしや。

〈2020・7・6〉

66 ざふか

「金をざふかにつかう」とは、金銭を浪費すること。金銭に限らず物を粗末に扱う場合にも当てはまる。このことば、男鹿市や南秋田郡、由利本荘市に痕跡をとどめている。いま少し分布地域は広いのかもしれない。

「おらえのもご、しごどざふかだもの（うちの婿殿、仕事が大ざっぱだ）」とか「ふるし着るおのなげでざふかだな（古い着物を捨てて惜しげもない）」という程度なら、困り者のレッテルを貼って済ませられるだろう。だが「ざふか」には「大まか」「無造作」にとどまらず、「杜撰《ずさん》」「粗雑」の意味もある。緻密な仕上がりを期待して仕事を頼んだにもかかわらず、結果が「ざふか」だとガッカリ感が半端ではない。

「空前絶後」と当局が自賛した疫病被害に伴う経済政策について、「あえだばざふかすぎるじゃ」とつぶやいた人はいなかっただろうか？ 大ざっぱな補正予算（予備費十兆円）だからこそ、予想外の事態にも即応できるという政府の言い分をよしとする派と、無駄な金遣いを許してしまいそうだと心配する勢力とが対立している。「ざふか」は心配派のつぶやきである。

「ざふか」の語がどんな成り立ちかはよく分からない。にかほ市には「無欲」「締まりのないこと」を表す「ざふ」という語があるので、それと関連づけられるかもしれない。

「雑《ざつ》」の古い仮名遣いは「ざふ」なので、これとのつながりを追求してみたい気がする。

〈2020・7・20〉

67　もよう

秋田県内で「もよう」と言えば「身支度する」という意味である。鹿角地方では「もよる」の形になる。外出する際に服装を改めてTPOに合う「みなり」として支度するのである。四半世紀前までは、ちょっとした買い物に出かけるにも気を使って人目を気にしていた。

例えばPTAや授業参観の直前には、母親が美容院に行って髪をセットするのが当然視されていた。それほどに「もよう」に気合が入っていたのである。自然な成り行きで、「もよう」は盛装する、着飾る意味まで帯びるようになった。極端なのは青森県南部、岩手県の「もよる」で、化粧するという意味にまで及ぶ。

「もよう」のもともとの意味は「用意する」「準備する」だった。「舟《ふな》もよい」「軍《いくさ》もよい」

という中世の用例がそれに当たる。「雨模様」「空模様」も、事態がある方向に進行していきそうな心準備を促す語だったのだろう。「催す」に由来するという語源説にはうなずけるものがある。

「おらえのおがだば出がげるてばなしてこんたにもようなさ時間かげるなだやら〈うちの女房は外出する支度にどうしてこんなに時間をかけるのやら〉」と、待たされる者の嘆きに同感の人もいると思う。一方でカジュアルでない場面での男性の服装の締まりのなさにはクールビズの影響、ありやなしや。「もよう」気構えが喪失したか。「服装の乱れは心の乱れ」の惹句《じゃっく》に同意したくはないが。〈2020・7・27〉

68 ごんぼほる

大人の場合、酔って管を巻く行為を指す。平素、飽き足りない思いを内に込めていて、酒などの力を借りて鬱屈《うっくつ》した思いを吐き出す人がいるものだが、その不満の一つ一つを掘り起こして口にすることが「牛蒡《ごぼう》を掘る（ごんぼほる）」だと言われる。不満を吐き出すときはどうしてもクドくなるので、周囲に迷惑がられる。

地中深く根を張ったゴボウを無傷のまま掘り出すのは、相当に厄介な仕事である。同様、不平を募らせている相手の気を穏やかに鎮めるには根気と忍耐が欠かせない。なだめる側の方こそ、本来の「牛蒡を掘る」行為の主体であるはずなのだが、主客転倒して、しつこい迷惑者の方に意味の重点が移ってしまっている。

子供でも「ごんぼほる」困り者はいる。欲しいものがあるのに、なかなか希望が聞き届けられないときの実力行使である。地べた（道路）に大の字に寝そべったり暴れたり、要求貫徹まで「おねだり」を敢行する。駄々っ子そのものだ。

はた迷惑な存在はどこにでもいるから、東北地方に同じ言い方があるのは当然だが、北海道や岐阜、三重などでも見られる。ほかに「ごんぼねる」（北秋田）「ごぼくる」（鹿角・北秋田）の形も認められる。それぞれ「束ねる」「括《くく》る」の省略形で、ふぞろいのゴボウをまとめることを、相手をなだめる意に転用したのだろう。言ってみれば、「掘る」から「束ねる」への連想の飛躍である。

〈2020・8・3〉

69 はらつかめる

怒りに震える思いに駆られたとき、人はそれをどう鎮めればよいのだろう。最近はアンガーマネジメントという名の対処法を耳にする。そんなご大層な講釈を受けなくても、鹿角以外の秋田では「はらつかめれ」と言えば、怒りを抑え我慢しろという忠告になる。言い争いがいよいよ暴力沙汰に及ぼうかというとき、ひと呼吸置くと冷静になれるものだ。文字通り「腹を（ぎゅっと）掴《つか》む」のである。

「腹わがらねぁ」は相手の真意が読み取れないことだし、「はらわだ（腸）煮えくり返る」だと怒りの激情が湧きあがること、「腹悪《わり》い」「腹あんべぁ悪い」は腹を立てて不愉快だと感じていることを表す。「腹を抱える」は笑える場面に見られるはずだ。喜怒哀楽の感情を表すのに「腹」が関わっている。

満腹な状態は「はらつえ」「はらつれ」と言う。食べて腹いっぱいになったら、腹の皮が強く張るので「腹強い」、満腹で辛《つら》さを感じるほどだから「腹辛い」なのだとか。「はらつえ」の語形の方が全県下に広く分布している。

「衣食足りて礼節を知る」と言うが、「はらつえ」人は自信に満ち自尊心も強い。思い上がっているとも評される。議会で多数派のセンセイが道理に合わないことを平気で敢行すると、「えらぐなったどてはらつえごどばりしゅう（お偉くなったせいであんまりなことばかり言う）」と、先の金言が無効なことに気づかされる。

〈2020・8・10〉

70 たごつぐ

人や物に掴《つか》まったり縋《すが》りつくことをいう「たごつぐ」には音の変化した形が多い。「たぐずぐ」「たもずぐ」「たんごつぐ」は県央部から県南にかけて分布する。県北では「たもずかる」、湯沢・横手あたりでは「たずかまる」の形もある。

南秋田郡の子供七夕では灯籠付きの笹の葉飾りを手に「ねんぶねんぶなんがえれ、まめのはさだんごつげ（眠気眠気流れろ、マメノハサダンゴツゲ）」と歌いながら街を練り歩いた。子どもにはサッパリ訳が分からない歌詞だった。何で唐突にダンゴを搗《つ》かなければならないのか?。大人たちの言葉遣いから、件《くだん》の語が「しっかりと掴まる」意味であること、「手繰《たぐ》り付く」に関係があるらしいと次第に学び取るのである。ほかの地域の子どもたちも「手《た》つかまる」＝「たずかまる」、「手持ち掴まえる」＝「たもずかる」あたりのつながりを感じ取っていたのではないか。「だんごつく」は、あきた弁特有の濁音で始める形だろう。

「じさま、おれのけぁなさたもずがれ（おじいさん、俺の腕《かいな》にしっかりつかまれ）」と声をかけるのは親切心の吐露。「このおーあめでへげみにいって、ながさえるどごだったどもやなぎのえださたごつでたすかったでぁ（この大雨で堰《せき》の増水を見に行って流されそうになったけれども柳の枝に縋りついて助かった）」は危機に処する知恵になるのかも。

〈2020・8・24〉

71　かでもの

「糅物飯《かてものめし》」の省略形が「かてもの」。凶作にあえいで十分に米の食事が取れないときに大根や人参《にんじん》、豆類・菜っ葉・芋・キノコなどを増量材として加えて主食にした。これが本来の「糅物（飯）」で、いまどきの混ぜご飯とは著しくイメージが異なっている。

救荒対策として腹を満たすためなので食味上々とは言えず、生きていければ幸いだという程度のシロモノだったらしい。飢渇《けかち》に縁のない飽食の時代では想像できないかもしれない。この「かでもの」が県北部では主食ではなく副食物の方に転用されている。「かで」「かでくさ」の語形も鹿角や北秋田に分布している。

「かてる」は、加える、混ぜることを意味する。子どもが遊びに「かてて！」と言うのは仲間に入れてくれという懇願なのだ。普段はあまり使わないが、「かててくわえて」も同じである。まぜる・まざるを意味する「雑」の字に「かつ（糅《か》つ）」の読みを当てた辞書もある。

副食物（副菜）の話をすれば、「おかず」は宮中に仕える女性が用いた女房詞《にょうぼうことば》に由来し、女性専用の語であった。男女を問わず用いたのが「菜《な》」だったが、後に漢語風に「さい」となり、鹿角以外の県内各地では「せぁ」「しゃっこ」の形で分布している。「しゃばん（菜板＝まな板）」「しゃこいれ（菜コ入れ＝弁当のおかず入れ）」も「さい」の痕跡を残す。

〈2020・8・31〉

72 のだばる

「のだばる」を県内の川柳愛好家の一人が「身を横たえる」「寝そべる」の意で投句し、それを優秀句として紹介しているTVを見て違和感を抱いた。「のだばる」=「ながまる」と理解しているようだが、本来は「伏す」「うつ伏せになる」「腹這《はらば》いになる」状態を指す。ここは作者の責任というより選者の方言センスが問われるところである。

「のだばる」と「ながまる」の違いを理解することは、例えば石川啄木の「砂山の砂に腹這ひ／初恋の／いたみを遠くおもひ出づる日」（歌集『一握の砂』）と「不来方のお城の草に寐転びて／空に吸はれし／十五の心」（同）を鑑賞する上では欠かせない。

「寝転ぶ」や「ながまる（=寝そべる）」は無聊《ぶりょう》であるとかリラックスした状態にある意を含み、「のだばる」は疲労感を伴って腹部を地につけ平臥《へいが》する場合に主として用いられる。両者には明らかに意味上の区別がある。

「のだばる」には「ぬたうつ」や「のたうつ」「のたる」イメージと、「へたばる」「へばる」イメージが重ね合わされている。「ぬたうつ」はイノシシが草の上に転がり伏すとか苦しんで転がり回る意、「のたる」は這って進む、くねくねと体を曲げて進む、長く伸びて寝伏すなどを意味する。

「のた」「ぬた」は動物的動作を指し、これに「這う」が「へたばる」「へばる」からの連想もあって「ばる」の形で接合したのだろう。


〈2020・9・7〉

73 ひとこえ

「おらえのとーさんひとこえもんでえーあんべぁにおっちけらえで困る（うちの亭主ったらお人よしで損な役を押し付けられて困る）」という愚痴を耳にすることはないだろうか。秋田県人は我慢強く勤勉で口下手だという定評がある。これに「ひとこえ（お人よし）」を加えてもいいかもしれない。「ふとっこえ」と発音する年配者もいる。

この「お人よし」、何も人柄の良さを評して言うのではない。やすやすと他人の要求に従ったり、特殊詐欺に引っ掛かったり、同郷人というだけで信用したりしては、後で臍《ほぞ》を噛《か》む思いをする、そんな人を言うのである。褒めているわけでもないのに高評価を得たと誤解し、「人のよさ」を自己宣伝するのは勝手だが、そのツケは自分で負わなければならない。

秋田県に生まれ育った人が大出世したことを喜ぶ心性は理解できないではない。だが以前からの諸疑惑を説明すべき立場にありながら、その責任を十分に果たしていないとの批判もある中、「何ら問題ない」では歴史のシビアな評価に耐えられるだろうか。

過大な期待を抱くのは個人の自由である。ただし後になって、そんなことだとは知らなかった、期待が裏切られたなどとは言うまい。現代は情報があふれかえっている。身びいきではなく、的確な判断を一つ一つ下していかなければ、秋田人の「ひとこえ」点はいつまでも利用されるだけである。

〈2020・9・21〉

74　そっぺぁねぁ

弁明を求められているのに、表情も変えずに「何ら問題ありません」と、取りつく島もない応対をこの数年目にしてきた。「木で鼻を括《くく》る（木で鼻をかむ）」とはよく言ったものだ、味も素っ気もないことおびただしい。不都合なことを明かしたくないのだろうと勘繰ってしまう。居合わせた者は「なんとそっぺぁねぁごど。こえでえなだが（なんて無愛想な。これでいいんだろうか）」と首をひねる。秋田人はそう思ってもなかなか声に出しては言わないと思うが。

「そっぺぁねぁ」は「味気ない」「そっけない」という場面に用いる。「しょっぱい」に直接「ない」が接続したものだろう。同じ場面で「そぺぁけねぁ」「しょぺぁけねぁ」を使うこともある。こちらは「しょっぱい」に「け（気）」と「無い」が結びついた形。新潟・山梨・長野には「しょっぱいがない」「しょっぱいもない」の形が保存されており、これが元の形か。いずれも「塩辛い」を「しょっぱい」という地域に限られる言い方の一つである。

食味の基調をなすのは適度な塩分の配合だが、味が薄いと物足りなく感じる。これを人の態度（傲岸《ごうがん》・不遜）に感じられる不満にまで拡張し、「無愛想だ」と非難の意を込めて用いるようになったのである。

「きぞぺぁねぁ」も「無愛想」を指す語だが、茨城・群馬・埼玉・岩手・秋田の各地

に分布することから、塩味に由来する語とは別だと思う。〈2020・9・28〉

75　けんこ

「じゃんけん」のことを秋田では「けんこ」という。「しゅしゅ」とも「きゅきゅ」とも言う。これは、じゃんけんをするときの掛け声を写したものである。「けんこ」の「けん」は漢字で書けば「拳」で、一般に石・紙・鋏《はさみ》の三竦《すく》みの関係で勝ち負けを決める遊びに根ざしている。中国渡来のもので、花柳界などではいろいろな種類があるようだが、子どもの世界では「じゃんけん」として定着した。

掛け声は「いし」「かみ」「はさみ」でもよかったのだろうが、県内では「しゅっしゅのしゅ」「ちゅっちゅのちゅ」「きっきっき」など三拍か四拍で勝負する所が多い。中には「ちっち」(仁賀保)や「そーれ」(男鹿・潟上・南秋田など)のように短めの掛け声で行う地域が見られる。同じ地域の子ども同士で勝負する場合は何の差し支えもないが、学区を越えた広域交流の時代には不都合もある。

勝負事は「後出《あとだ》し」が有利だという。まさしく「じゃんけん（けんこ）」は早く出した方が負け。だから統一されたルールの下でこそ公正さが保証されるのだ。事は遊びに限らない。

オトナの世界にも、誰が先に動きだしてどんな勢力がそれを支持するか、じっと様子見して身の処し方を決める利口な人もいる。勝負は遅く名乗りを上げた方が有利だと言われる所以《ゆえん》である。「後出しじゃんけん」と変わらない。ただし、タイミングを計る技術は「じゃんけん」の及ぶところではない。〈2020・10・5〉

76 てぶりはちかん

他家を訪問する際に土産物を持参する風習がある。初めての訪問でこれを持参しない場合、多少の引け目を感じたり、相手の不興を買ったりする。これは伝統文化の仕来り（マナー）の一つであったから、「からつら（出し）をする（何も持参せず、顔出しだけをする）」とか、「空手《からて》で来て面目ねぁ」と言い訳がましく用いるのが普通だった。「からて」を「からてぶら」（岩手・栃木）、「からてぶり」（山形）と言う地域もある。

「てぶり」も、何も持たないで行く人を指して中世から用いられてきた。「手ぶら」の古い形と言ってよい。「てぶりはちかん」は手ぶらでの訪問者の意から無一物、無資力の人の意に展開し、「裸一貫」のたたき上げをイメージするにふさわしい語となった。

「はちかん」（古くは「はちくゎん」）は新潟県佐渡では「からてはちかん」という形もあり、「裸一貫」に関連付けたものかと考えられる。が、なぜ「はちかん」なのかはっきりしない。成人男性の体重で八貫目だと三〇キログラムであまりに貧弱だと感じられるから、徒手空拳、何もないことを誇張したものかもしれない。

後ろ盾もなく、特別な家柄の出でもなく、資力もない中で「立身出世」を成し遂げるには『御伽草子《おとぎぞうし》』の一寸法師のように、はい上がるための知略と実行力が欠かせない。「てぶりはちかん」は「でぶりはちかん」（＝素寒貧《すかんぴん》）というあまり好意的な意味を含まない形もあるから、庶民の羨望《せんぼう》とねたみが込められているような気がする。

〈2020・10・19〉

77 したぱらこく

老獪《ろうかい》で一筋縄ではいかない者を年老いたオオカミ（またはタヌキ）にたとえるが、彼らの下腹には毛がないのだという。猫だって優しくなでてやると目を細め機嫌よさそうにするのだから、老獣の下腹を（不本意ながら）こすってやれば自分の意のままにできるかもしれない。へつらうとか追従することを秋田・青森で「したぱらこく」というのは、この期待に基づいている。

追従は自分の利益を図るために心にもないことを言って相手の歓心を買う行為の一つだが、そんな「おべっか」を使うことは軽蔑に値する行為だった。だから「したぱらこく」のほかに「けーはぐ（軽薄）する」とか「みそする」とか「あね（姉）こ使う」のような、本心を偽ってまで自分の利益のためにあれこれする行為を咎《とが》めだてすることばが機能していた。

だが、いまは忖度《そんたく》の時代である。忖度しない人間は窓際がふさわしいとばかりに扱われる。正直者が馬鹿を見るのは厳しい現実に対応し切れていないからだ、という勝ち組の意見も耳にする。ことばに込めた先人の価値観が軽んじられるようになったのだろう。権力者にしたぱらこいてやがてその立場にのし上がっていくのだから、己も忖度してくれる連中を重用するのではないか。かくて追従の連鎖、しばらく続きそうである。

〈2020・10・26〉

78 あねこむし

「あねこむし」は青森・岩手・宮城の各県ではテントウムシあるいはテントウムシダマシを指す。幼子が羽の模様から年若い娘の衣装を連想して名付けたと考えられる。ただし秋田県全域ではカメムシをあねこむしと呼んでいる。こちらは果実や稲に食害を及ぼす嫌われ者で、つぶしたり触ったりすると強烈な異臭を放つ。それ故、全国各地に「屁臭虫《へくさむし》」「屁こき虫」「屁っぴり虫」の名も散見される。

「あねこ」の「あね」は多義にわたるが平鹿地域ではかつて娼妓《しょうぎ》・女郎をも意味していた。あねこむしはこの匂いを嗅ぎ慣れない者が、嗅ぎつけない女郎衆の白粉《おしろい》や紅《べに》の匂いと同一視して名付けたのであろう。カメムシを「おじょろ」「おじょろさん」「じょーろーむし」と呼ぶ地域が新潟・長野などにも見られるから、命名の由来はこれで決定してよいと思われる。

「あねこ」は婦女子の中でも特に妙齢の娘をいうことが多かった。「あねこてんき」が、気まぐれで変わりやすい天気の意として用いられるのも、「女心と秋の空」に準じて理解していいのだろう。

鹿角地方の「あねこつかる（使う）」は、心にもないことをヘラヘラとこびて言うこと。「あのふと、あねこつかってゆだんならねぁ（あの人、下心を持って忖度《そんたく》するので油断できない）」。そんなお方はどこにでもいそうだが、たとえ栄達しても「あねこむし」のように忌み嫌われそう。

〈2020・11・2〉

79 えのながべんけー

家の中では「弁慶」のように強そうに振る舞うのに外ではからきしおとなしい小心者

ことを、県下一円「えのながべんけー」と言う。「が」の発音は鼻にかからない。「ろぶち（炉端）べんけー」（岩手・宮城）、「ゆるんはた（囲炉裏《いろり》端）べんけー」（新潟県佐渡）、「よこざ（横座）べんけー」（岐阜・富山・京都・岡山など）と言う所もある。

「弁慶も陰と炬燵《こたつ》は今にあり」と古川柳で揶揄《やゆ》している通り、強気で活躍したとされる往時の弁慶も、外では高く評価されない「陰弁慶」「こたつ弁慶」（＝内弁慶）という小者になり果てたのである。

世慣れぬ幼児が、外へ出ると母親の陰に隠れてウジウジした態度を取る一方、家の中では元気いっぱい暴れ回るのなら、まあ自然なこととして笑えるだろう。こと、大のオトナが家の中では専制君主として家人に命令し理不尽なワガママを通すのに、外での対人関係では発言もせず筋を通すこともできずにいたら、迷惑この上ない存在となる。宮城や山形に見られる「うちべんけー、そとみそ（外では臆病者）」は辛辣《しんらつ》な人物批評である。

迷惑をこうむっている家人の正直な声は、専制君主の心になかなか届かない。これ、権力者にありがちな謙虚さに欠ける「夜郎自大」という無知（＝無恥）のせいであろう。ここぞという時に身内から見放されたり、周囲から執拗《しつよう》な非難を浴びたりするのは、自業自得である。

〈2020・11・16〉

80　おやふこ

爪の生え際にできたささくれをなんと呼ぶか？　会う人ごとに尋ねると、「ささくれ」という答えが多い。だが一方で、「おやふこ」と回答する年配者も少なくない。かつては県内各地域で手指のささくれを「おやふこ」と呼んでいたのだ。そう呼ばない人でも、「このささくれができると親不孝になる」と言われたと記憶している。ささくれ程度で親不孝とは、なぜだろう。

儒教の最も初歩的な経典『孝経《こうきょう》』に「身体髪膚《はっぷ》、これを父母に受く。敢《あ》えて毀傷《きしょう》せざるは孝の始めなり（体の全部は両親から受け継いだもので、積極的に傷つけないのが「孝」の始めというものだ）」とあるから、健康上、親に心配をかけるのは不孝だという考えがありそうに思える。もっとも、古い中国の儒教世界では「体に傷をつける＝罪人として刑罰を受けた印」だからで、我々の考える毀傷とは違うものらしい。「おやふこ」も、『孝経』の文句とは関係ないのかも。

手指にささくれが生じるのは栄養の偏りやストレスによる体調不良が原因だと考えられるが、子を心配する親からすれば一つの目印にはなるはずである。ところが不思議なことに秋田県以外には、ささくれを指して「親不孝」と呼ぶ地域が全く見当たらない。「おやふこでぎでるねが。うしろぐれぁごどしてるってね（親不孝ができているじゃないか。さては後ろ暗いことをしているんじゃないの）」は秋田県民限定の邪推か。

〈2020・11・23〉

81 ねっちょふけぁ

ねっちょふけぁ（執念深い）老人は嫌われる。「健康寿命百歳」のスローガンのもと、高齢者の健康づくりはかつてないほど県民の関心を集めている。無病息災に人生の終わりを迎えられるなら、これほど望ましいことはない。現実には老化に伴う身体機能や記憶力の低下、人格の崩壊など、周囲を巻き込んでの悩ましい問題が山積している。

年齢を重ねるにつれ、頑固さの度を増し他人の意見を聞き入れない。猜疑心《さいぎしん》が強く自己中心で、ケチになる。ふてくされる、すぐ膨れるなど、「暴走老人」は男女の別を問わない。カワイイ老人になるのはなかなか至難のことらしい。ここは自戒したい。

あきた弁の「ねっちょふけぁ」は単に「頑固」の意にとどまらない。執拗《しつよう》、陰湿で執念深いことを指すのである。「ねっちょ」は「ねちねち」の「ねち」と同じく粘着性があってクドいこと。「ふけぁ」は深いこと、その性質が濃厚だという事を意味する。独善的でいつまでも諦めることをしない性質は他人に敬遠されるのだと心したい。

野党の質問にしどろもどろになったり、ニュースキャスターをにらみつけるような表情で応対したり、カワイイとはとても言えない「令和おじさん」。人事による統率とは、己に同調しない者への報復と裏表の関係にある。どなたですか？「ねっちょふけぁわらしだった（昔から執念深い子だった）もの……」とつぶやくのは。〈2020・11・30〉

82　たがらもの

「たがらもの」は財産価値があって、ぜひとも大切に扱いたい思い入れのある品物（＝宝物）を言ったはずだが、県内全域では別の意味で用いられる。飾っておくだけで実用にならないところから、役立たず、もっと言えば道楽者、馬鹿者を指す。形式上は人となりに敬意を払っているかに見え、その実、皮肉のこもった罵《ののし》りことばなのである。

似たようなことばに「たがぎもの」がある。「たがぐ」「たなぐ」はともに担ぐ、持つの意で、周囲の者にとってその存在が持て余しの厄介者を言う。ヨイショとせっかく持ち上げてやっても何の貢献もせず、むしろ負担ばかり負わせるような迷惑な存在を、地域社会では反語的な表現で罵ったものと思われる。立派な銅像が、時に「このたがらもの！」と罵声を浴びることになりかねない。

反語的な表現は、あきた弁を豊かにする。「たいもん」と言えば「大物」を思わせるが、実はずうずうしい「したたかもの」というマイナスイメージを伴う。「まで」は「真手」で丁寧を意味するはずだが、行き過ぎた倹約家＝「けち」の意にもなる。

三毛猫はネズミをよく捕ると重宝されたものだが、「このさんけねご（三毛猫め）！」と、いたずら小僧を怒鳴りつけたり、連れ合いを叱責《しっせき》したりする罵りことばに使ったそうだ。文献には見つからない珍しい例と言える。

〈2020・12・7〉

83 おじょかしぇる

「おじょかしぇる」とは、ことばや態度で威嚇することを意味する。実力行使を伴わない心理的脅迫と言ってもいい。「おじょ」はもと「圧状《おうじょう》」。脅して強制的に書かせた文書、転じて、無理に押し付けて承知させること。「かしぇる」は「食わせる」で、嫌々でも受け入れさせる意。高圧的な物言いで相手を屈服させようとするのである。

虞犯《ぐはん》少年とは、いかにも犯罪をしでかしそうな青少年を指してそう呼んでいたものだが、いまや死語と化した。見かけだけでは補導の対象とはしにくい時代になった。学校をサボって盛り場をうろつくような問題行動を示す生徒が減ったせいでもある。「このままだば退学だどっておじょかしぇでやった（この為体《ていたらく》だと退学になるぞと脅してやった）」

という親切な大人はもういないだろう。

中毒のようにスマホの画面に熱中していても、周囲に直接の迷惑を及ぼさない限り厳しく注意されることはない。表向き平和そうだが、陰湿なイジメの報告はかなりの数に上る。ＳＮＳ上の「死ね」とか「ごみ」といった書き込みで相手を傷つけて平気でいられるのは、顔を見合って発した言葉ではないからだろう。

虞犯少年の印《しるし》でも負っていれば注意のしようもあるが、問題は見えにくくなる一方。それは大人の生き方とも無縁ではあるまい。役人の世界などでは、裏で部下に「おじょかしぇる」ことがまかり通っているそうだから。

〈２０２０・12・21〉

84　じょせぁする

敬語の世界には敬意逓減《ていげん》の法則があるという。使い続けているうちに徐々に敬意が減退していくのだ。容易に尊顔を拝めない存在をいう「奥様」という呼称が、ふつうの主婦を指すようになるのも、言葉の内包する価値意識の変化と言える。

神や貴人の存在を敬い慎む時代には「いますが如《ごと》く（眼前にいるかのように）」丁寧に行動した（らしい）。それが「如在《じょさい》」の本来の意味であった。ところが慣れてくると平素の慎みや敬いの心は失われ、別の方向に態度が変わる。中世には「如在」が「あるがまま」の意と理解され、あろうことか丁寧とは対極の「疎略」「なおざり」「手抜かり」の意に転落する。

秋田県内では「じょせぁする」が、粗末にする、ぞんざいに扱う、うっかりする、油断するなど、いろいろな意味に用いられる。根っこにあるのは「あるがままでよい」とする態度であろう。物事を舐《な》めてかかることが油断を生み、手抜きを生じさせる。

「なんも問題ねぁど思ってじょせぁしてあったんだべが（何にも問題がないと思って油断していたんだろうか）」とは、老婆心ながら現下の世相への心配だ。

「ぞさねぁ」は「造作ない（容易にできる）」に由来する別のことばだが、形が似ていて意味も紛らわしい。楽観し過ぎると、それは油断とも手抜きともなるだろう。「ぞさねぁぶし」も「じょせぁする」のも、ほどほどの慎みが必要だ。

〈2020・12・28〉

85　まじゃらぐ

「まじゃらぐ」は「万歳楽《まんざいらく》」の音が変化したものであるから、おめでたいことばに違いない。謡曲『高砂《たかさご》』の終わりに「千秋楽は民を撫《な》で、万歳楽には命を延《の》ぶ」とあり、寿福《じゅふく》（長寿と幸福）を予祝《よしゅく》している。予祝とはあらかじめ祝っておいて事がそのように実現することを期待する行為である。いわば「呪《まじな》い」のことばなのである。

ところが、寿福を呼び寄せることばが災厄を振り払う役目を負うようになる。昭和十四（一九三九）年五月一日の男鹿地震を経験した古老によると、「まじゃらぐ、まじゃらぐ」と唱えながら大黒柱にしがみつき、揺れの収まるのを待ったという。男鹿地震は震度五の揺れが連続して発生した。

「地震・雷・火事なんとか」のような災害は、人知をもってしてどうにもならない場合がある。その時に唱え縋《すが》るのが呪言《じゅげん》である。突然の稲光《いなびかり》と強烈な雷鳴に驚いて蚊帳の中に逃げ込み、「くわばらくわばら」と唱えるのはよく知られているが、「まじゃらぐ」もその類いである。「くわばら」は菅原道真公の伝承に基づく雷に限定した呪言だが、「万歳楽」は万能だと思われる。

疫病の収束を願い、細やかな神経で感染予防を心がけながら「まじゃらぐ、まじゃらぐ」と予祝するのは、年初の祈願としてふさわしい。あきたの言語財産を見直すいい機会にもなるだろう。

〈2021・1・11〉

86 かんぼや

「過分」とは分に過ぎた待遇を指す語で、分不相応な扱いが自分にはもったいないということから、江戸時代以降、相手に感謝の気持ちを伝えるものとなった。県内では「かんぶ」「かんぶん」「かんぼんえ」「かんぼや」の形で継承し、軽い感謝を表す際に使われる。同輩や目下の者に対して用いるので、厚意に恐縮するような大げさな雰囲気はない。

「雪よしぇでけであったな。かんぼや（雪寄せしてくれていたね。お世話さま）」と、高齢者が気兼ねなく言える地域づくりをしたいものだ。

人さまから厚意を受けたらお返しを、と考えるのが伝統的な社会では当たり前とされてきた。即座に返礼できないことは一人前の大人としては引け目を感じることであった。物をもらったら「しょーしな」と言うのも、「ありがとう」の感謝の気持ちでもあり、同時にお返しがすぐにできない状態で「恥ずかしい」という立場の表明でもあった。

一方「かんぼや」は自己を卑下する「過分」本来の用法から脱し、厚意を謝する挨拶《あいさつ》となっていて、気後れもない。謝罪とも無縁である。このようなシンプルな言葉遣いこそ現代にマッチしているのではないか。

為政者のことばが本心とは異なることがあるとは日頃感じているが、「経済を回し疫病収束にも万全を期す」のメッセージに、「かんぼや」と感謝していいものやら。おっと、この語は同輩以下に用いるから失礼に当たるか。

〈2021・1・18〉

87 やぐど

大人の世界の「やぐど」は「役と」に由来する。役目を果たすために本心を偽っても専心行う。これがお役人の仕事というもの。「役として」行うことだから、たとえ文書改竄《かいざん》であっても割り切って表情にも出さない。演技も必要だ。

古語の「やくと」は「もっぱら」の意として用いられていたが、中世には「故意に」「わざと」の意に変化した。本心を偽っての熱心な演技がうそ臭さを感じさせたからだろう。あきた弁の「やぐど」も、「わざと」(副詞)のほかに「うそ」「冗談」(名詞)として命脈を保っている。

「その場しのぎにやぐど話題変えだなだ(その場しのぎにわざと話題をそらしたんだ)」とか「本気えするてが。やぐど、やぐど(本気にするのか?冗談、冗談)」とか、政策や答弁に失態を重ねる者が仮にもウケを狙って口にしたら、それこそ冗談にもならない。

子どもの遊びには「ほんとこ」と「やぐどこ」があった。パッチ(めんこ)やビー玉、おはじきなど、負ければ相手に自分の物を渡さなければならないギャンブルだが、取られっぱなしになるのを「ほんとこ(ほんこ)」、返してもらえるのを「やぐどこ」と呼んで区別した。「やぐどこ」は勝負のお試し版だから、負けても悲壮感は漂わない。勝っても相手から物を巻きあげない罪のない遊びである。「やぐど」はこうでなくては。

〈2021・1・25〉

88 よろた

あきた弁の「よろた」は太ももを指す。古語の「よほろ」に由来するが、時とともに「よおろ（よーろ）」「よろ」と発音が変化した。県南や青森県南部地方にこの形が残っている。秋田県全体では「よろた」が優勢だ。山口・大分で「ふくらはぎ」を指す「よーろ」「ゆーろ」「ゆーら」も「よほろ」の変化形だろう。

奈良時代、「よほろ」は「よほろくぼ」とも言い、膝の後ろの座るとくぼむ部分「膕《ひかがみ》」を意味していた。これが「よろ」「よろた」に変わった末、指す場所も変わって太もも、あるいは股の内側の意となった。

「よろた」の「た」は何か？ 肉の張りを感じさせ、膨らみを意味する「たぼ」の「ぼ」が省略されたと思われるが、定かではない。

「すもどりみでぁによろたふてな（相撲取りみたいに太ももが太いな）」と感心する対象は男性に限る。女性に言えばセクハラだ。「よろたさねごぼでぎであるがえねぁ（股の間に根太《ねぶと》＝腫れ物ができて歩けない）」ぐらいは、医療現場で通じてほしいものだ。

「なずき」は秋田県内では当然のごとく「額《ひたい》」だと理解されるが、宮城などでは「なずき病む（頭痛がする）」としてしか使わない。鎌倉時代には頭頂部を「なづき」と言ったし、さらに平安時代には「頭中髄脳＝のうみそ」のことを言った。語形を留めていても意味が変わらないなんて保証はないのだ。さて為政者の言う「誠心誠意」「責任」はどうか。

〈2021・2・1〉

89 ひじゃかぶ

赤ん坊をあやすとき「かぶ、かぶ」と言って大人が頭を左右に振ってみせる動作をしたものだが、今こんなあやし方をする人をとんと見かけなくなった。「かぶ」は頭を意味する古語の痕跡だ。古語には「かぶ」のほかに「かべ」「かうべ（こうべ）」「くぶ」などの変異形が知られている。

「膝頭《ひざがしら》（膝小僧）」のことを「ひざかぶ」と呼ぶ地域はかなり広い。東北地方は無論、北海道から近畿地方まで「へざのかぶ」「ひざこべ」「ひざこぶ」「ひじゃかぶ」「ふじゃかぶ」などの変種を含めると数え切れないぐらいある。

膝になぜ頭があるのか。体を折り曲げ、「天橋立《あまのはしだて》の股のぞき」のように目を足元に近づけていくと納得できるはずだ。最初に見えてくるもの、そこが頭に相当する部位(膝頭)になる。

目を肘《ひじ》に転じると、こちらは体の後方に位置している。そこが「尻」の部位に相当するというので「ひじちり(肘尻)」と呼ぶのは、「ひざかぶ」とセットなのである。この名称も青森から九州まで多くの変異形を含みながら広い分布領域を持っている。あまり気づかれないかもしれないが、命名の妙がここにある。

「ひじゃかぶどひじちりだば机さ当だったじぎどっちいでぁべが(膝小僧と肘とでは机に衝突した場合どっちが痛いだろうか)」、なんて児童の間に交わされていたらほほ笑ましいのだが。

〈2021・2・8〉

90　てすりこべ

小林一茶は「やれ打つな蠅《はえ》が手をする足をする」の句を残した。ハエが命乞いをしているとの見立てだ。ヒトも必死に懇望したり謝罪したりする時は、こんな動作をする。「てすりこぺぁ」「てすりこっぱい」「てすりこべぁ」など、県内各地で少しずつ語形が異なるが、平身低頭して哀訴嘆願することを意味する。「てすりこべしてあやまったども ごめんしてもらえねぁがった（平謝りに謝ったけれども許してもらえなかった）」という用い方が一般的だ。

手を擦り合わせ頭を何度も下げるところから、「こべ」は「頭《こうべ》を下げる」の省略形だという。一方、「こぺぁ」や「こっぱい」の語源を「九拝《きゅうはい》」や「乞拝《こっぱい》」に求める説もあるが、確かなことはわからない。

謝罪にしろ懇願にしろ、ひたすら誠意を尽くすのであれば受け入れられるだろうが、揉《も》み手をして相手に取り入ろうとするだけなら悪印象を与えかねない。

組織の長が不適切な言動で社会の糾弾を浴びて本人が辞意をほのめかしたら、周囲の者が泣いて慰留したと報道された。結局は辞めることになったのだが、さぞかし「てすりこべ」して引き留めたのだろう。

西日本では「てすりこんぼう（手擦り懇望）」というが、東日本の「こっぱい」「こぺぁ」から「こべ」への変化には「媚《こ》び」の語感も関係があると感じる。忖度《そんたく》文化の中心にあるのは「媚び」だろうから。俗解と退けられるかな。〈2021・2・22〉

91 てとぱしりこぐ

「てとぱしりこぐ」「てっとぱしりこく」は「心にもない嘘《うそ》をつく」という消滅寸前の語であるが、由来がはっきりしない。手がかりを求めて最近ようやくたどり着いた愚案を紹介する。

「てと」または「てど」は「手取り」の省略形で、手先の技に長じていることを意味する。東北各地では主に裁縫・手工の技量について用いた。「てどしゃ（器用な人）」、「てどならい（裁縫の稽古）」、「くされてど（悪い技量）」などの複合語が見られる。ただし、県内では鹿角や旧南外村などの方言集に記載されるのを見る程度である。昔は広く全県下に分布していたのだろう。

「てとぱしりこぐ」は秋田市新屋地区に伝わる珍しい言い回しだ。技量の「てと」との関係を考える上で無視できない語が「はしる」である。「才走る」で知られるように過度に表面に現れる行動を指す。「こく（こぐ）」は望ましくない行為を言う。「あえだば毎度てとぱしりこぐものな（彼はいつもホラを吹くから信用できない）」と。

結局、手練手管に長《た》けていること、抜け目がなく相手を巧妙にごまかすなどして難事を易々《やすやす》とし遂げる才能も、ひけらかしてしまえば決して褒められたものではなくなる。必要以上に見えを張る行為は、あきた弁の世界ではマイナスの評価を受け、自制が求められてきた。「おべたぶり（知ったかぶり）」と同様、「できるぞ」というアピールは難しいのだ。

〈2021・3・1〉

92　つらつけねぁ

顔は心を映す鏡、喜怒哀楽が表情に表れる。正直な人ほど感情を隠せない。嫌悪感を表に出せば「つらくしぇするな（嫌な顔をするな）」とたしなめられる。よほど年季が入ると、逆に人間らしい表情を失ってしまう御仁《ごじん》もいる。そんな人のことを北東北では「つらつけない奴《やつ》」と軽蔑する。

あきた弁の「つらつけねぁ」は厚顔無恥、人としてのまともな顔を備えていないと非難することばだ。似たようなことばで「面《つら》の皮が厚い」は周囲の顰蹙《ひんしゅく》を買うことをものともせずに自分本位に振る舞う人、「鉄面皮」はそれに倍する恥知らずな人だ。

何にしても、「顔＝面」は人物の評価には重要である。厚かましく恥ずかしげもなく道理に外れた行いをするのは、倫理上有害だ。「つらつけねぁ」が非難語として意味があるのもこの点にある。「どじゃらだ事やってるくせして注意さえでもなんもさねぁ。つらつけねぁ奴だな（投げやりなことを注意されても何にもしない。恥知らずだ）」のように使う。

縁故で人事を行う、忖度《そんたく》する者を不当に優遇する、直言する者をあからさまに遠ざける、都合の悪いことを質《ただ》されて不機嫌な目でにらみつける。これら一連の行動を目の当たりにしていると、この人は権力の使い方を誤っているのではないかと感じる。いつまで「つらつけねぁ」宰相でいられるだろうか。

〈2021・3・8〉

93　けぁど

けぁど、けど、きゃんど。形は少しずつ異なるものの、「道路」「往来」を意味する語で、東日本に広く分布する。漢字で書けば「街道」だが、古くは「海道」と表記した。海沿いの道を表したものが内陸の往来をも海道と呼ぶようになったのだが、やがて、内陸で海の字は不適切だろうとの考えが、道路一般を指して「街道」の表記を定着させた。田んぼの畦《あぜ》など細い道は「なで（畷《なわて》）」と呼ばれ「けぁど」と区別された。

雪深い北国では他の地方に見られない表現がある。一つは、「けぁどつける」（ただし県内では「みちつける」が多数派）。雪が積もった早朝、雪掻《か》きしたり雪沓《ゆきぐつ》などで踏み固めたりして通路を確保する作業をいう。いま一つは、「けぁどぽんぽんじー」。雪消《ゆきげ》の時期に、道路が乾燥して気持ちが弾む状態を表したことばだ。除雪機などない時代は自然の移ろいで雪が消えてゆくのを待つしかなかった。道路が心地よく乾燥した状態こそが春の到来を告げるものだったのである。

「〜じー」「〜でー」は「〜という状態だ」という形容詞語尾。県南で「〜じー」、県北で「〜でー」の形をとる傾向があり、「ぽんぽんじー」は秋田市以南の言い方である。残念ながら秋田市以北で「ぽんぽんでー」で道の乾燥状態を指す表現は見当たらない。なるほど県南の豪雪地帯でこそ用いられる表現だ。

〈2021・3・22〉

94 ひとごべ

鹿角地域を除く県下全般では「ひとごべ」「ひとこべ」「ふとごび」「ひとこび」などの形で「人見知り」のことを言う。鹿角では「ひとめ」または「ひとみ」と言う。見知らぬ人の顔を見て怖がったり尻込みしたりする点では共通する。赤子について言うことが多いが、妙齢の乙女の「はにかみ」の態度にも用いられる。

「ひとめ」は「人《ひと》怖《お》め」に由来する。「おめずおくせず」に痕跡が認められる語が「おめ」である（原形の「ひとおめ」は愛知・岡山に存する）。「ひとみ」は「ひとみしり」の後半部が省略された形とも考えられるが、「め」が「み」に変化した形と解した方がよさそうだ。

「ひとごべ」は「人《ひと》媚《こ》び」だとも説かれてきたが、気後れするのに「媚《こ》びる」のは理に合わない。岐阜県下に見られる「人《ひと》臆面《おくめん》」の変化形と見るべきだろう。「ひとくめ」を経て「ひとくべ」「ひとこべ」への変化は自然である。「臆面」は気後れした様子、はにかんだ顔色を指し、江戸時代以来の用例がある。

「孫どご久しぶりに抱ぐがど思たらひとごべして泣がえでしまた（孫を久しぶりに抱こうとしたら人見知りして泣かれてしまった）」とは、別居家族の談。

対人関係において無用の人見知りは困りものだが、何が何でも非を認めようとしない方々の「臆面」のなさが目立つ日々、信用ならぬ者に対して「ひとごべ」をよそおう態度も悪くないなと思う。

〈2021・3・29〉

95　とじぇねぁ

「とじぇねぁ（徒然ない）」は、県内の高齢者にとってはなじみ深いことばだが、若い人々には耳遠いものになっているようだ。方言の衰退をうかがわせる指標になるだろう。

古典の『徒然草《つれづれぐさ》』で「つれづれ」という和語を知った人は多いと思うが、方言では「徒然《とぜん》」という漢語が各地に分布している。東北北部と九州に「とぜない」「とぜねー」が見られることから、漢語の形も古くから勢力を張っていたと考えられる。「徒然ない」の「ない」は形容詞語尾で、東北南部に分布する「徒然だ」も同じ意味の語である。することがなく退屈だとか、孤独で寂しい状態を表す。

「えさんどしてだらとじぇねぁしてなもかもねがった（留守番をしていたら暇で所在なくてどうしようもなかった）」とか、「息子、就職して家《え》がら居《え》ねぐなったらとじぇねぁぐなるな（息子が就職して家を離れたら寂しくなるなあ）」とか、しんみりした気分を帯びて使われる。

大里武八郎翁の『鹿角方言考』（昭和二十八年）に「とぜんたい」の語が見える。「何となく間食でもしたい感じだ、口ざみしい」状態を指すという。寂しくて何もすることがなければ、おのずと食べ物に手が伸びるのだろう。『日葡《にっぽ》辞書』に「とぜんな」をポルトガル語で「ひもじい」と説明しており、それと通じるものがある。今も使われているか不明だが、知っている人がいてほしいことばだ。〈2021・4・5〉

96　わすら

「悪戯《いたずら》」は子どもの時には一種の娯楽であった。大人に叱られようが、知恵をめぐらせて実行に移す楽しみは容易には捨てられるものではなかった。それが人としての成長を促す面もあったはずだ。懐かしく思い起こされるのは、ちょっとした悪戯だったりする。自分の膝頭で友だちの膝裏（膕《ひかがみ》）をカクンとさせて喜んだりするのは罪がない。

「わすら」は「わしら」「わちら」「わっつら」「わさら」など多くの変化形を有するが、元々「悪さ」に源をもち、鹿角地域を除く県内で広く使われている。由利や雄勝の辺りでは「やくどこ」（本気勝負でないまねごとの遊び）の意としても用いられた。

「わるさ」をローマ字で書くとWARUSA。RとSの位置を入れ替えてみるとWA《わ》SU《す》RA《ら》となる。この語形の変化を「音位転倒（音の並びが入れ替わる現象）」と呼ぶ。「舌鼓」「腹鼓」を「したづつみ」「はらづつみ」と言ったり、「茶釜」を「ちゃまが」と言ったりするのも同じ現象だから、「わすら」がとんでもない誤りとは言えない。

「あまり腹悪《はらわ》りしてわすらして困らしぇでやた（あんまり腹が立ったので悪さして困らせてやった）」だとか、「わっちらして泣《な》だふりした（悪戯して嘘《うそ》泣きをした）」だとか、他愛《たわい》もないことが多い。これが悪意によるものだと「ならじ（ものにならない）」と言われ、人としての成長には寄与しない。

〈2021・4・19〉

97 ねぷかげ

「春眠暁《しゅんみんあかつき》を覚えず」と唐の詩人孟浩然《もうこうねん》さんは言うが、眠気に襲われるのは季節を問わない。加齢のせいか昼食の後は決まって睡魔に襲われる。最初から寝てしまおうという意志があって眠るのではなく、つい意識が飛ぶのである。

「居眠り」を表す「ねぷかげ」は「眠りかけ」からきた。「ねむりかけ」から「ねぷかげ」への変化は、ありふれた音変化の一例である。ここでの音変化とは「り」の脱落と、M(む)《Mu》／B(ぶ)《Bu》／P(ぷ)《Pu》の交替である。「ねぶかき」「ねんぶかぎ」などの変異形もある。「このわらし、遊《あし》び疲えで匙《しゃじ》持たままねぷかげしてる（この子、遊びに疲れ果ててスプーンを持ったまま居眠りしている）」は幼児の日常。「母さん、把針《はしん》してでねぷかげして危ねぁな（母さん、裁縫の途中で居眠りしていて危ないな）」には母親の奮闘の姿がうかがえる。

居眠りには疲労の蓄積、何らかの病気、相手の話が退屈など、さまざまな理由が考えられる。では国会での議員の居眠りはどうだろう。退屈だからというのは論外だし、夜の会食がなくなって睡眠時間は確保できていると思う。緊張感の欠如も理由に加えていいだろうが、この場合は自ら律するか、誰かがたしなめてくれなくては覚醒しない。

〈2021・4・26〉

98　よっぱりこぎ

朝寝してなかなか起きられないのは夜更かしをしたからだと親に注意された人は少なくない。県内では「夜更かしをする人」を「よっぱりこぎ」と言う。就寝時刻になっても寝ようとしない困り者だ。「こぐ（こく）」は好ましくない行為を指す動詞、「こぎ（こき）」はその事や人を言う名詞だ。

「よっぱり」は「宵《よい》っ張り」からきたと説かれてきた。江戸語に「宵っぱりの朝寝坊」（『浮世風呂』）の例があるからそれでいいのかもしれないが、「張る」が明確でない。同じ意味の「よいじっぱり（夜意地っ張り）」（香川）、「よーじっぱり」（新潟、長野）が変化したものと考えるのが合理的な気がする。

寝てほしいと思っているのに意地を張って寝ないでいる子を、親たちが諦め半分呆《あき》れ半分に「古小豆《ふるあずき》」と呼ぶ。その心は「なかなか煮えない（寝ない）」。秋田のなぞなぞではよく知られたユーモラスなものだ。「おらえの古小豆、よっぱりこぎで、毎朝起きれねぁして遅刻ばししてる（うちの子は夜更かしで、毎朝起きられなくて遅刻ばかりしている）」

そんな子が往々しでかすのが「おねしょ」。朝、気が付けば夜着や布団に「むぐらがす（お漏らしをする）」失態を演じる。中世以来「寝小便する者」を、上品な言い方ではないが「よつばり（夜っ尿《ばり》）こき」と称した。語形が似ているのは偶然か。〈2021・5・3〉

99 よなが

「よのなか」は青森、岐阜、静岡、三重などで「農作物の出来具合」を言う。秋田県内では鹿角や北秋田の地域で「よなが」（「が」は鼻にかからない＝非鼻音）の形で、同じ意味を表す。

「世の中」という語が、「世間一般」ではなく稲の作柄に特化して用いられるのは、それだけ農業を中心にしてきた社会では生活の難易が生り物《な》に左右されたからだ。平安朝の女性の心を占めていたのが「世の中（＝男女の仲）」だったのも、彼女らの人生が懸かっていたからだ。時代や環境によってことばの意味が限定される好例である。

「寒日《さび》続いたもの、こえだば苗こ植えでもよながえもんだやら（寒い日が続いたから、この調子だと田植えをしても作柄がいいものやら)」。異常気象続きの昨今、いい「世(の)中」であってほしいとの願いは切実だ。

今の「世の中」、疫病の流行は収束の気配がなかなか見えない。「自粛疲れ」と称して会食や観光旅行に心が奪われている人々も少なくない。では、収束させることができないのは世の中のせいか? いやいや。指令塔が右往左往(「もったりまげだり」)したこと、大雑把《おおざっぱ》(「ざふか」)過ぎる方針で人の流れを制御できなかったこと、ワクチンの入手や接種に先を読む力が欠けていたことに起因する。農作物の「よなが」がいくらよくても、満足はできない。

〈2021・5・10〉

100 しょーぶ

「勝負」といえば勝つか負けるかの決着をつける行為。時代劇なら「いざ尋常に勝負勝負」という台詞《せりふ》で事が始まり、見事に敵を倒して勝ち鬨《どき》(エイエイオー)を上げるシーンがおなじみだろう。

考古学や民俗学など多才の文化人武藤鉄城《てつじょう》氏によれば、マタギの世界ではクマなどの獲物を仕留めたことを仲間に知らせるのに「しょーぶ、しょーぶ、しょーぶ」と三声《みこえ》上げるという。獲物を完全に手中に収め、マタギ自身も安全な状況下にあることを宣言し、山の神に礼を尽くす意味があるのだとか。狩猟民のマタギ（山立《やまだち》）が全国各地に点在していたころ、同様の儀礼が行われていたのだろう。「しょーぶ」の語が「一件落着」「獲《と》ったどー」の意で各地の山地に見られる。

マタギに限らず物事がうまく運ぶことは、満足で喜ばしいことだ。秋田県内では「大勝利」「思わぬ得をした」「運が良い」「うれしい」「本当によかった」など、さまざまな意味にまで展開して、一般社会でも用いられてきた。

「この辺《あだ》りまでクラスター発生だどや。しょーぶて言るじ《しぇ》ぎ何時《いつ》なるべな（この辺までクラスターが発生しているんだって。一件落着と言えるのはいつになるんだろうね）」。疫病完全制圧の「しょーぶ」声が発せられる日が早く到来するよう祈るのみ。

〈2021・5・17〉

101 どぶで

緊急時でも堂々として動じないのは美徳の一つ。一貫性のある行動をとっているのだろうと思われる。一面、ふてぶてしい感じがしないでもない。県内で「あの人はどぶで」という場合、褒め言葉にはならない。神経が太くてうろたえないだけなら非難の対象にならないが、善良な人をいいように利用して平気な場合、「太っ腹」ではなく「ずうずうしい」「狡《ずる》い」人物へと評価が一転する。

不正を指弾されても臆することもなく、ウヤムヤに事を収めようとしたら、秋田では「どぶでけぁし」と罵《ののし》られる。「けぁし（返し）」は卑しめる接尾語。「返し」には「鳥の糞」の意味もあり、いわば「クソ野郎」に当たる。類例として「ほいどけぁし（いやしんぼ）」「すたりけぁし（役立たず）」などがある。

「どぶで」の訛《なま》らない形は「どぶとい」だが、「図太い」からの変化か「胴太い」なのか、はっきりしない。むしろ「ど太い」と理解すべきか。「どぶとい」の語形は三重、滋賀、大阪、徳島、香川に分布が認められ、「ずうずうしい」の意味で用いられている。「ど阿《あ》呆《ほ》」「ど真ん中」「ど根性」と同類の接頭辞「ど」に「太い」がついた、ふてぶてしさの表現が秋田にも及んだのだろう。

「あえだばどぶでしてなんともななねぁ（あいつは狡くてどうしようもない）」などと言われぬよう身を律したい。

〈2021・5・24〉

102 はばげる

物をのみ込むのに高齢者は特段の注意が必要だ。誤嚥《ごえん》性肺炎を引き起こさぬよう、水や汁物はゆっくりと喉を通さなければならない。固形物を大口で一気にのみ込もうとしてはいけない。噎《む》せて苦しんだり、窒息するおそれもある。

「餅、喉さはばげでしまったどや（餅を喉につまらしてしまったそうだ）」。めでたい正月に命を危険にさらさぬようにしたい。青森、山形、新潟、北海道でも同じ使い方をする。新潟では食べ物を吐き出すことまで言うらしい。

「はばける」は本来、物が障害となって通路をふさぎ、「幅」を広げなければならない状態を意味した。転じて、物事が行き詰まって手に負えなくなったり、思案に余る状態にも用いるようになった。秋田県の全域で使われる。

同じように幅が狭くて支障があることを「はばかる」とも言った。鹿角では狭い入り口で大きな物が閊《つか》えることも「はばかる」と言う。「はばけ（げ）る」と「はばか（が）る」は兄弟関係にある。

「憎まれっ子世にはばかる」は、憎まれっ子のような存在が、世の中で大きな顔をして幅を利かすことを言う。ここでの「はばかる」は「憚《はばか》る（遠慮する）」ではなく「蔓延《まんえん》（いっぱいに広がる）」を意味する。

世の中がウイルスの蔓延に苦慮している中、「はばげる」「はばかる」を「持て余す」の意味で用いる言い方が、新たに登場するかもしれない。

〈２０２１・５・31〉

103 やばちー

「梅雨」の時期を東日本で「にゅーばい」と呼ぶ。対のことばに「出梅《しゅつばい》」があるが、秋田では耳にしない。傘なしで雨に降られると「よごれる」と嫌がるが、これは「濡《ぬ》れる」を意味するあきた弁。泥で靴や服を汚すとか、不潔なものに触れるわけではない。「よごれる」とは別に、雨などに濡れた時、とっさに発する語に「やばちー」「やばち」がある。「湿っぽい」「汚い」「不潔だ」「じめじめしている」など不快を感じた場合に最も使い勝手がいいことばだ。

「毎日雨ばり続いでやばちしてやめなるな（毎日雨ばかり続いて不快で嫌になるね）」とは、梅雨時のあいさつ。「金貸してやっても知らねぁ面《つら》して返さねぁど。やばちー奴《やづ》だ（金を貸してやっても知らん顔で返さないんだって。腹黒い奴《やつ》だ）」

職務権限を利用して賄賂を手にし、司直の追及にもノラリクラリ時間稼ぎをする輩《やから》は「やばちー奴」と遠ざけられて当然だ。

汚い物に触れようとする幼児に「ばばっちい」と注意するが、これが「ばっちい」に変化した。さらに意味を強める「弥《や》」（同様の例に「弥栄《やさか》」「弥堅《やがた》し」などあり）が加わり、嫌悪感を増幅する語「やばちー」が成立する。触れるのも付き合うのもご免だという感情が露《あら》わになる点で、語源を「疚《やま》しい」に求めるより説得力があると思う。〈2020・6・7〉

104 はばぎぬぎ

所用でも観光でも、旅行に出かける際、親戚や知友が宴席を設ける。壮行会とも送別会とも言える。万端整えてくれる旅行会社などなかった時代、人は相当の覚悟で旅に出たのだろう。

脛巾《はばき》とは膝から下を保護する脛《すね》当てのこと。後に脚絆《きゃはん》に変わったものの、旅支度にまつわる宴会を「脛巾履《は》ぎ」と称し、無事帰還した際には「脛巾脱《ぬ》ぎ」という宴会が催された。脛巾や脚絆という旅装を解き、別れに際して交わした水杯《みずさかずき》を本物の酒で祝い直すのである。これを旅行後の慰労会と言ってしまえば、意味が少し軽くなる。

いまや海外への転勤であっても悲壮感が漂うことはないらしいが、旅に出て安全に帰れるという感覚が当たり前になったのは、そんなに昔のことではないだろう。帰国帰郷した人を迎え入れる際、無事を喜び「はばぎぬぎ」の宴を催すことは現代でも稀《まれ》ではない。国内旅行や出張に際しても、慰労の大義のもとに呑兵衛《のんべえ》の口実としても利用されている。

「総理大臣、先進国の会議さ出で帰《けぁ》てきたら、俺《おら》がだみでぁにはばぎぬぎするんだべが（総理大臣はG7の会議に出席して帰国したら、われわれのようにハバキヌギ《慰労会》をするんだろうか）」。用務繁多でも密を避けて会食ぐらいはするのじゃないかな。〈2021・6・21〉

105 かっつぐ

文部省唱歌「うさぎとかめ」では、出足ののろいカメを侮ったウサギが「かけくらべ」の挑戦を受けた結果、一敗地に塗《まみ》れる。「油断大敵」「継続は力なり」という教訓が込められている。この歌からは、欧米列強に後れを取った日本が「追い付け追い越せ」をスローガンに、先進国の仲間入りを果たそうとした意気込みが感じられる。

あきた弁で「かっつぐ」と言えば追いつくことを意味する。スタートで出遅れても、ある速度で、ある目標にたどり着けば、「かっつだ（追いついた）」となる。「五〇〇メートルも離さえでかっつぐてばよえでねがった（五〇〇メートルも引き離されていて追いつくのは楽じゃなかった）」、マラソンのような競技にはピッタリの表現だ。

「かっつぐ」が「掻《か》き付く」からなのか、あるいは「駆け付く」からなのか、はっきりしない。いずれにしろ、「かっつぐ」のは誇らしく思え、「かっつがえる」と悔しい思いをする。

世界の先進国だと自負してきたのに、疫病対策やワクチンの入手・開発で他に先を越された政府は、獅子奮迅の働きをなりふり構わず指示している。疫病との闘いはいたちごっこ。もう大丈夫と安堵《あんど》する時こそ、「振り払ったつもりだどもかっつがえるんでねぁべが（収束させたつもりだけれど再び蔓延《まんえん》させることはないのだろうか）」との用心は欠かせない。

〈2021・7・5〉

106 かちゃま

衣類には表と裏とがある。裏返しに着ると「かちゃま」になっていると注意される。加齢のせいで物にこだわらなくなると、裏か表かに注意が及ばないが、それではいけない。「かちゃま」は本来の表を裏、裏を表にすることで、古語「反《かえ》りさま」が音変化したものである。「さ」も「ま」も方向や状態を表す接尾語。

きちんと身繕いするのが人前に出るマナーだった時代には、服を裏返しに着るのは締まりのないことであった。「あの人、羽織かちゃまにはおってじらりしてら（あの人は羽織を裏表にはおって平気でいる）」。無神経な人物だと評価されてしまって終わりである。セーターを裏返して着て粋がるなどとんでもないことだったのだ。

表裏・前後・上下など、身にまとう物の場合は瞬時に「逆だ」と判別できるのだが、行動の順序はそうもいかない。観察した結果、理路が通らない処置だと、「しちゃまかちゃま」と不平がついてまわる。同類の表現に「しっちゃかまっちゃか」「しちゃこちゃ」「しちゃくちゃ」などがある。雑然として、どこに筋が通っているのか理解に苦しむ状態を言う。

五輪開催をめぐる論議はどうか。「安心安全」を標榜《ひょうぼう》するなら、まずコロナの感染拡大を抑え込むのが順序というもの。「しちゃまかちゃま」の浮き足立ちとしか言いようがない。

〈2021・7・19〉

107　うるだぐ

計画していたことが予定通りに進められなくなった時、頭の中が真っ白になる。どう対処してよいか分からず慌てふためくことを、あきた弁で「うるだぐ」「うろたく」などと言う。まごつきオロオロする場合のほかに、急ぐ意味でも使う。何かに没頭して時を忘れ、気がついて慌てて行動を起こすので、ことは急がざるを得ないからだ。

「前がらわがってだべにいまなってうるだいでかがてるなが（前々から分かっていることだろうに、今になって慌てて取りかかるなんてぁきれる）」。夏休みの宿題をサボったツケを払う子を前にした親の嘆き。類例はご想像に任せたい。

「うるだぐ」「うろだく」「うろたく」などの語は北東北や北陸の一部でも用いられているから、かなり広く分布していたと思われるが、もとになる語は「うろたえる」「うろつく」あたりだろう。富山では「おろたく」の形がある。「うろうろ」と「おろおろ」ではニュアンスに幾分の違いが感じられるが、手を拱《こまね》いて何もできない態度を言う点では共通する。

『日葡《にっぽ》辞書』は「うろめく」という語を登載し、「物事を粗忽《そこつ》に、しかも大急ぎでするさま、または落ち着きもなく、手慣れてもいないでするさま」と説いている。「うるだぐ」とほぼ同様に、戸惑って適切な対応が取れないでいる無様《ぶざま》さを言い当てている。

〈2021・7・26〉

108 じょみず

台所で出た野菜くずや残飯、米麦の研ぎ汁を一緒に取り置いて、豚や牛馬の飼料とした物。合成洗剤の使用や市販飼料の普及もあってか、畜産家が各家庭からそれを毎日集めて回る光景はとんと見かけなくなった。

あきた弁では「じょみず」だが、「じょーみず」「ぞーみず」「ぞみず」「どーみず」「どみず」の形なら日本各地に分布している。原形は「雑水《ぞうみず》」。雑巾の「ぞう」（音読み）と「みず」（訓読み）の組み合わせによる重箱《じゅうばこ》読みとしたのは、増水・雑炊（いずれも「おじゃ」のこと）と紛れることを嫌ったのかも。

中世の文献には「雑汁」「雑漿」に「ぞうず」と振り仮名をしたものがある。これは「ぞうみず」からの音変化で、全国各地に「ぞーず」の形で点在するが、県内では用いない。「じょみず取《と》に来るなあでにしてだども来ねぁもんであだりほどりくせぁしてなもかもねぁ（雑水を集めに来てくれるのを当てにしていたのに来ないのでこの辺一帯臭くてつらい）」からか、屋敷の隅に設けた「こずけ（肥塚）」に放り込んだり水切りして生ゴミとして出す。気づかぬうちに暮らしは変化しているのだ。

環境への負荷を考えると残飯処理を受け持ってくれるシステムはありがたかった。だが河川にゴミ芥《あくた》を捨てて平気でいた時代でもあったから、手放しで過去を礼賛するわけにはいかない。

〈2021・8・2〉

109 こちょがす

競技で力を発揮して十分な満足を感じられると、おのずと笑みがこぼれる。誰かが笑わしてくれるわけではない。ところが、おせっかいにも笑いを取ろうとする世界もある。

演芸や文章などで、観客や読者をことさらに笑わせ、また喜ばせようとすることを「くすぐり」と言う。もともとは腋《わき》の下などを刺激してムズムズして笑いだしたい衝動を駆ることに由来するから、そこで得られるのは真の笑いや喜びとは異なる生理的な反射である。

「くすぐる」をあきた弁で「こちょがす」と言う。「ごちょがす」と濁音形を用いる人もいる。幼児をくすぐるとキャッキャと喜んでいるように見えるが、格別うれしいわけではないだろう。コチョコチョくすぐられて笑えるのは一瞬。クスクスという忍びやかで理性的な笑いが、肉体の責め苦を帯びた笑いに転落させられるのである。

「みみそーじするじぎこちょぐてぁぐするなや、絶対こちょがさねでけれ（耳掃除の時くすぐったくするなよ、絶対にくすぐらないでくれ、お願い）」

政治家に対する忖度《そんたく》も、される立場の者にはくすぐったく感じられるものだろう。だがそれも、常態化してしまえば何も感じることなく当然視しているに違いない。側近の「こちょがす（くすぐる）」つもりでのおもねりが、かえって国民の神経を逆撫《さかな》ですることだってある。

〈2021・8・9〉

110 げっぱ

競争の世界では勝者があり敗者がある。競い合うと上位から下位まで序列ができる。期待通り、あるいは期待以上の成果で王座を獲得する者もいれば、不運に泣く者も。二番手三番手はともかく、最下位だと本人も応援する周囲も情けない思いをする。だが誰かが最下位になるのは避けられない。

最下位（ビリ）を「げっぱ」というのは秋田県のほかに北海道・青森・宮城北部である。「げっぺ」「げっぴ」「げっぽ」などパ行の語尾を持つ類似の語は東日本に分布している。「げっぱ」は「尻《けつ》」と「端《は》」を連結した語だと考えられる。尻を「けつ」と読むのはいささか上品ではないが、さらにそれを濁音で始めている。濁音によって値をもう一段下げる意識を込めているのかもしれない。ソラマメを県内では「けつまめ」とも言い、「げっつまめ」とも呼ぶが、特にその物を貶《おとし》めているようには見えないのだが。

「べんきょーだばげっぱだども、はしりばっこだばそごそごだでぁ（学校の勉強はビリだけれど駆けっこならそこそこいけるよ）」

序列をつけるのは教育上よろしくないと、運動会の徒競走を廃した学校がある。「げっぱ」を出さない優しい配慮なのか。でも、世の中は「勝ち組」「負け組」を峻別《しゅんべつ》する空気に満ちている。国が疫病の医療対応に後れを取って、先進国中で「げっぱ」だと自嘲する声が聞こえてくるのはどうしたものか。競争でもないのに。〈2021・8・23〉

111 かだっぱり

世故《せこ》長《た》けた世渡りには他人との協調が欠かせない。意見の違う相手とも決定的な衝突を避け、お互いに歩み寄ろうという姿勢が求められる。ところが唯我独尊《ゆいがどくそん》、周りの強い反発があろうと主張を譲ろうとしない者もいて、トラブルになる。

「かだっぱり」「かだつっぱり」と呼ばれる人はそんな存在だ。鹿角を除く県下一帯にこの呼称が見られる。福島にもある由《よし》。

青少年が虚勢を張って不良じみた態度で目立とうとするのを「ツッパリ」と称した。大人の世界で「突っ張る」は自分の意見を押し通そうとし過ぎることをいい、人間が素直でなく、心がねじけていて、間違いを間違いと認めることのできない人物と評価される。頑《かたく》な、偏屈、意固地、片意地など、標準語の世界にもこのために用意されている語は多い。

県下で用いる「かだっぱり」「かだつっぱり」の「かだ(かた)」は何か。態度が一方に偏っているから「片」なのだとの説もあるが、異を唱える者に対して「肩」をいからすようにして聞こうとしない威圧的な態度から「肩」だとする説もある。取りつく島もない応対の様子を想像すると、「肩」説に肩入れしたくなるのだが。

「何言《しゅ》わえでも顔色変えねぁ、さすが秋田のかだっぱり(どんなに批判されても表情を変えない、さすが秋田出身の頑固者)」、これ称賛なのか。

〈2021・8・30〉

112　どかつか

様子をまざまざと思い浮かぶように表現するオノマトペ(擬態語・擬声語)の宝庫は東北弁だ。宮沢賢治の作品に鏤《ちりば》められたオノマトペの魅力が語られることがあっても、あきた弁のそれを称揚する声はあまり聞こえてこない。だが、あきた弁の魅力の一つはオノマトペの豊富さにある。

「不用意に、軽々しく」の意で近世に用いられた「つかつか」は秋田に至って「どかつか」「どかすか」「どかちか」「とかふか」「とかひか」「どかばか」など多彩な語形に展開している。上方語「つかつか」を『女殺し油地獄』に用いた近松門左衛門もこれには目を剥《む》くだろう。

「どかつか」に「者」を付ければ迷惑な人間という名詞。「する」「めぐ」を付けると動詞に、「でー」「じー」を付ければ粗忽《そこつ》で雑な人間を指す形容詞となる。「どかつか」は県内限定語（鹿角は除外）。他地域にはまず見当たらない。

「どかつか」は落ち着きがない慌て者を批評することば。軽率な者ほど余計な口をきく、邪魔だてをして迷惑をかける。だからマイナス評価の語として、自重を求める「圧」としても働く。対極は、ことを丁寧適切に処理しても他人の領分に無闇《むやみ》に踏み込まないことだ。が、消極的ではある。

「あれさ物頼んでもどかつかてやるてがに当でさねほーえや（彼に物事を頼んでもそそっ

かしくやるから当てにしない方がいいよ）」。言われたくないよね。

〈2021・9・6〉

113　ごほらぐ

金銭を支払わずに興趣ある催し物を見物できるのは楽しみなもの。鹿角や北秋田の一部ではこれを「ほーらぐ」と言う。「法楽」に由来していて、無料の演芸の意。この意味で用いられるようになったのは江戸時代からで、それ以前は読経・奏楽・連歌・舞踏・武芸などを奉納し神仏の心を楽しませることを言った。この催しは見物人にとって無料であることから、庶民の慰みとなった。芝居などが無料で演じられること、見物できることが「法楽」と呼ばれるに至ったのである。

秋田に限らず岩手・新潟・富山・大阪・山口・香川・愛媛・熊本のそこここで無料の催しを今でも「ほーらく」と呼んでいる。

能代・山本・男鹿・南秋田では「ごほらぐ（御法楽）」が無料の催し物から転じて「開けっぱなし」の意に用いられる。無料となれば人が群がるのは必然。お堂や芝居小屋などで演じられる場合、見物人のために戸障子などを取り払って見せなければならない。それが芝居に関係ない開けっぱなしの状態にまで用いられるようになったと考えられる。「御法楽」の「御《ご》」は、体裁を整える美化語以下の「お気楽」な使い方だ。

「戸たでねで出で行《い》てなんとごほらぐだごど（戸をちゃんと閉め切らないで出て行って開けっぱなしにして）」は迷惑。一方、「総裁選挙、混戦。テレビで観《み》ればほーらぐだ」は、慰み？　不謹慎？

〈2021・9・20〉

114　しっぺさがり

人が他人と交わるうえで嫌われるのは、ケチ、嘘《うそ》つき、ホラ吹き、怠け者、多弁（おしゃべり）、無愛想、見えっ張り、不潔にして締まりのない暮らしなど、数えあげればキリがない。大酒を飲んで長っ尻《ちり》で乱れるのも迷惑なことである。あきた弁はそうした「悪徳」を指弾することばの宝庫だ。地域社会全体がことばで成員を躾《しつ》けたのだろう。ところで、デジカメやスマホの驚異的な普及のせいか、それを悪用して問題になる事案が増えている。教師や警察官がトイレや着替えの場を盗撮したという言語道断な報道もある。動機は好色な欲望を抑えきれなかったとのこと。こんな輩《やから》を「しっぺさがり」「しぺさがり」と呼ぶ。好色漢のことだ。「しっぺさがり」の本来の意味は、眉の端が下がって八の字の形をしていることや目尻が下がっている人を言うのだが、観相家よろしくそれを「好色」と決めつけるのは迷惑に違いない。「鼻の下が長い」というのも同じで、使い方には細心の注意が必要だ。

「竹篦《しっぺい》」は禅宗で用いる竹製の杖《つえ》（法具）で、その形に似て一方が撓《たわ》んで下がっていることからさがり眉を「竹篦さがり」というようになったという。青森県上北では「しっぺたさがり」の形があるから、「しっぺた」「しっぺ（尻辺）」が目尻の意だとの考えも捨て切れない。いずれにしろ、好色な破廉恥《はれんち》漢に限ってこの語を使いたい。

〈2021・9・27〉

115 もんじょ

仏教では、ものの正しい姿を見分けるためには誤った考えに囚《とら》われないことが肝要だと説く（莫妄想《まくもうぞう》＝妄想することなかれ）。だが煩悩に充ちた存在である人間はその教えの通りには生きられない。『日葡辞書《にっぽ》』は「妄想《もうぞう》」を「みだらな事やふしだらな事についで心に浮かぶ幻想や幻影」としている。現実に立脚しないで空想に遊ぶ態度が非難されていたのだ。

東日本各地に「寝言、うわごと、戯言《たわごと》」の意で分布する「もーぞー」は、「もぞ」「もんぞー」「もんぞ」「もじょ」「もんじょ」などの伸縮自在の異形をもつ。熱に浮かされ、あるいは夢を見て、ことばを発するのが東日本の「妄想」である。あきた弁では「もんじょ」「もじょ」の語形が主として用いられ、「放《こ》く」「語る」と一緒に用いられることが多い。「おらえの孫熱だして夜ながに笑《わら》たり泣《な》だりもんじょこいでがおったでぁ（うちの孫が夜中に熱を出して突然笑ったり泣いたりうわごとを言って困り果てたよ）」。「もんじょなって働く」という場合の「もんじょ」は「夢中」との混同があるのかもしれない。

眠っているとき、あるいは病気に冒《おか》されているときの「もんじょ」は同情の余地があるが、特段の根拠もなく現実離れしてできもしない政権構想をぶち上げるのには、責任が問われる。選挙民は「あえだはもんじょこいでるなだ」と覚めた目でやり過ご

すといい。〈2021・10・4〉

116 むんつける

山あり谷ありの人生で平常心を保ち続けるのはむずかしい。古語「むつかし」は現代語と違って濁らずに発音し（「六借」と表記した字引もある）、不機嫌であることを意味した。

気に入らないことに出合い、気分を害したら態度に表れる。幼児が機嫌を損ねて泣いたり拗《す》ねたりすることを「むずかる」と言うが、昔は大人にも「むつかる」人がいて周囲を煩わせた。「憤」の漢字を当てて「ムツカル」と訓《よ》みのある字書が平安時代末期にあるから、相当ふるくからの語だ。

ほぼ同じ意味を北海道や東北各地では「むつける」「むんつける」と言っているが、中・近世には中央でも通用していた。

不満や不快なことがあっても我慢強く耐えるのが東北人の気質だとされる。寡黙が美徳だとはいえ限度がある。いつかは溜《た》め込んだ憤懣《ふんまん》を外に出して心のバランスを保つ必要がある。

「おどさん、なんもしゅわねでむんつけでいだども、おかねがったな（親父さん何にも言わないで不機嫌そうにしていたけれど怖かったな）」。こらえていたのがキレるときの威圧感は半端ではないのだろう。

たたき上げの宰相と持ち上げられた挙げ句、利用価値を認められず退かざるを得なくなり、このところ話題にも上らなくなって、むんつけているとかいないとか。憤りの対象は薄情な政界かマスコミか、国民か？

〈２０２１・10・18〉

117　ほまち

蓄財には才覚が必要である。現代ならファイナンシャルプランナーなど専門家の助言で富裕層は潤うかもしれないが、庶民は自己責任の名の下に、個々人が努力しなければ報われない。

給金（収入）が限られている中でなすべき事は内職であったり、役得で入ってくる臨時収入（袖の下）を貯《た》め込むことぐらいか。江戸語の世界では「ほまち」がそうした収入を指して用いられ、東日本で「へそくり」の意で広く生き残ってきた。

語源として考えられるのは⑴船乗りが風待ち中に契約外の荷物の運送で内密の収入を得る「帆待」、あるいは⑵領主への納税対象外の低湿地などの開墾で農民が得る「穂持《ほもち》（＝掘田《ほりた》）」あたりだが、確実なことはわからない。

予定外の収入の意から、内職などで貯め込んだ金品を指すようになり、こっそり隠し持つへそくりの意に定着した。「母親は勿体《もったい》ないが騙《だま》しよい」という古川柳は、母親のへそくりを当てにした道楽息子のおねだりか。甘い母親。

秘密の色合いは「ほまち子」に極まる。家族に内密にもうけ育てた隠し子のこと。もめ事のもとになる。

「嬶《かが》のほまちあでめにして物買《か》たら、とんでもねぁ請求来てたまげだ（細君のへそくりを当てにして物を買ったところ、予想外の高額の請求がきて驚いた）」

蓄財は自力で着実に……これが難しい。

〈2021・10・25〉

118　うるだぐ

自信満々の人が予想外の結果を突きつけられてぼうぜんとなる場面は、かわいそうに感じる半面、少しいい気味だと思わないでもない。思惑が外れてまごついたり戸惑ったり。そこで次なる行動を起こさなければならないわけだが、準備不足ときては「うろたえる」ほかない。北東北では「うるだぐ」「うろだぐ」の語が用いられる。

まだ時間があると油断して別の事に気を取られているうち、発車時刻を逃しそうになって「うるだぐ」のは人の常。落ち着きを失い物事を大急ぎで済まそうとすると、かえって粗忽《そこつ》な結果を招くことになる。

「提出まだだど気ぬでえだきゃ、しんまやれて言《しゅ》わえでうるだでがした（提出期限はまだ先のことだと油断していたら、すぐさまやれと言われてあわてふためいて仕上げた）」。お役人さま、気をつけて。

「うるだぐ」や「うろだぐ」は、「うろうろ」とか「おろおろ」など、事態に十分に対処しきれないでいる落ち着きのない様子を表すオノマトペ（擬態語）に基づいている。

富山県で使われる「おろたく」が「おろおろ」のニュアンスにいちばん近いかも。

落ち着きのない様子は「てたぱた」「ととぴと」とも言う。そそっかしい者には大した成果は期待できない。「うるだで掬《すく》う米はよぐこぼす」と自作の格言を机辺《きへん》に張り出そうか。

〈2021・11・1〉

119　さいっ

「画竜点睛《がりょうてんせい》」という使い付けない熟語を使って悦に入ることはないだろうか？「睛」を「晴」と書いて間違いを指摘される。「さいっ」は、ミスをしたとき思わず上げる心の声である。テニスのラリーを続けて順調だったのに肝心のキメのところでネットに引っかける。このときも自分の失敗を責めて「さいっ」と叫ぶ。

思わぬ失敗をしたときに発する声は、生理的なうめき声のようなものだから千差万別、標準というものがない。「あちゃ」「わい」など地域差や年齢差が認められる。県内の若い人の間では「さいっ」が一番人気である。どうも他県の人に外国語風に受け取られるというのがいいらしい。高齢者も「さいっ」「さい、さい」と無意識に声を発しているから、かなり昔からの感動詞なのだろう。

明治大正期生まれの人は「おっちゅ」の声もよく発した。落胆と驚きと諦めの心を思わず吐き出したのである。最近は「おっちゅ」を耳にしなくなった。ことばは世につれ変化するものだから、消えてゆくものがあるのも当然だが、少しさびしい。

前項の「うるだぐ」は七月二十六日付（一五四ページ）でも取り上げていた。解説文は毎回書き下ろしなのだが、注意力散漫、記憶力減退、認知症が疑われるレベルかもしれない。指摘を受けて思わず出たことばが「さいっ」。苦笑いの「さいさい、やってしまった」よりは深刻な驚きだ。申し訳ない次第。

〈２０２１・11・８〉

120 ぶちょほ

来客時に空茶《からちゃ》で済まさざるを得ない場合、「なんもねぁしてぶちょほだんし（何も出す物がなくてごめんなさい）」と恐縮の意を示す。もとは「不調法」あるいは「無調法」と書くことばからきている。行き届かないこと、手際が悪く下手なことを意味し、鎌倉時代以後用例が見られる。酒を勧められて「一向に不調法でして」と言えば、共通語の世界では無理強いできないことになっている。

東北や富山県では無作法や失礼の意で用いられる。人が座っている直前を手刀を切って「ぶちょほ」と横切れば「ちょっと失礼しますよ」となる。汁物の椀《わん》をひっくり返して相手の衣服を汚してしまう粗相をしたときも、謝罪のことばとして「ぶちょほ」が「ごめんなさい」の機能を果たす。

年祝いの席で旧友が顔をそろえても、名前が思い出せないのは加齢のせいとはいえ情けない。カドが立たぬよう「見逸《みそ》ろまし人だども名前こ出でこねぁ。ぶちょほだどもおしぇでけねが（見た覚えのある人だけど名前が出てこない。失礼だけど教えてくれない?）」と言うべし。あとは言われた人次第だ。

粗相を謝罪するのに県内では「ぶちょほ」と「あえしか」または「しかだねぁな」の二通りの言い方がある。うち「仕方が無い」に由来する方は県外での評判が良くない。謝るすべもないほど恐縮しているのに、「しょうがないだろ」と開き直っていると誤解されるのだ。悩ましい。

〈2021・11・22〉

121 しっぱね

あまり郷愁を誘うようなことばではない。「しっぱね」は「尻跳《しりは》ね」の音変化した語で「しぱね」「すっぱね」の形も合わせ、全国にかなり広く分布した。道路が未舗装で、雨の後など泥でぬかるんで歩くのに難渋した覚えのある人が全国で少なくなかったせいである。共通の体験が同じことばを使用してきたと言える。

半世紀前までは日本の道路事情は劣悪だったから、しっぱねに類することばが各地に存在した。アスファルトやコンクリート舗装で日本中の主要道路から泥んこ道が消え、履き物も歩きやすい靴に代わって、しっぱねの使用領域も急速に狭まったようだ。

だが、北国には雪が降り積もっては解けて歩きにくくなる冬があり、「しっぱね」の語がまだ残る。雪消えの道をゴム長で歩けば決まってズボンの裾に泥が跳ね上がって付着する。歩き方が悪いからだと年長者は注意するが、跳ね上げないで歩くコツはなかなか習得しづらい。

「おらえのわらし、なしてこんたにしっぱねあげであぐなだべが（うちの子はどうしてこんなに泥を跳ね上げて歩くんだろう）」。成人でも思うようにはいかないのだから、親が嘆いてもそれは無理というもの。

雪消えの乾いた道を歩く喜びは「けぁどぽんぽんじー（道路がぽかぽか乾いているよ）」で言い表せるが、しっぱねの泥が乾いたのを揉《も》み落とした体験は、懐かしいというより情けない思い出のはず。

〈2021・11・29〉

122　じゃんぼ

種痘が普及していない昔は、天然痘が治った後でも顔に発疹の痕が残った。現在では天然痘はほぼ制圧されたとされ、顔面にその痕跡を残す人は皆無となったが、かつて夏目漱石もあばた面を苦にしたらしい。

「あばた」のことを秋田では「じゃんぼ」または「じゃんか」「じゃんが」「じゃひ」「い

も」と称した。語形の分布は複雑に入り組んでいる。

古代は「痣《あざ》」「ほくろ」「いぼ」などの区別がはっきりせず、皮膚のザラザラや色味の違いなども十把《じっぱ》一絡《ひとから》げにして「あざ」と呼んだようだ。

顔面の瘡痕《そうこん》を意味する「あざもの」の「あ」が脱落して「じゃもん」「じゃんぼ」へと変化したのだろうし、痘痕の類を掻《か》く「あざかき」が同様に「じゃかい」「じゃんか」と語形変化したとみられる。

古来、特別な日（晴れの日）には餅を搗《つ》き神前に供し、共に食する習慣があった。が、餅にも上手下手があり、よく搗けないで米粒がまじって凸凹ができてしまうのを「じゃんぼ（餅）」と呼んだ。あばた面に見立てたのである。天然痘がこの世から消えても、餅に名は残っている。だが電気製品の餅つき器で失敗作が生まれなくなり、いずれこの名も消えるに違いない。

「ひしゃしぶりでうすどきぎで餅ちだらじゃんぼなってしまた（久しぶりに臼《うす》と杵《きね》で餅を搗いたらあばた面状の餅になってしまった）」。いったい何が悪かったんだろう？

〈2021・12・6〉

123 たうぇねぁ

分別がない、幼稚だという意味のあきた弁は「ほんじねぁ」のほかに「たうぇねぁ」も忘れてはならない。もともと江戸時代から「たわいない」として使用例のあることばだが、「手応えがない」(岩手県九戸)、「愚鈍だ」(大分県)、「意識や感覚がない」(山形県米沢)のように多義にわたるようだ。秋田では「たうぇぁねぁ」「たうぇねぁ」「たえねぁ」などの形で、特に「だらしない」の意で用いられる。

「たわいない」は「他愛ない」と漢字表記される傾向があるが、当て字にすぎない。と言って、適切な漢字が用意されているわけではない。漢字を用いることが教養ある人の印《しるし》だと思い込んでいた結果生み出された和製漢語なのだろう。

手応えがなく張り合いが感じられないこと(岩手)から、とりとめがない、締まりがないに意味が拡張していったものだろう。考えにしっかりしたところがなく、幼稚で思慮分別を欠くのも「たうぇねぁ」で、さらにだらしない状態にも言う。酒の国秋田では、酒に酔ったり、寝入ったりして正体がない迷惑な状態にピッタリくることばだ。

「おらえのおど、酒こ飲めばたうぇねぐなって起《おご》すな騒動《そんど》だ（うちの亭主、酒を飲めば正体がなくなって起こすのが大難儀《おおなんぎ》だ）」。「ごんぼほり（くだを巻くこと）」や深酒の酔っ払いを相手にするには堪忍、堪忍が第一。「さげよっと（酒酔い人）」自身は無邪気なものだが。

〈2021・12・20〉

124 じっぱり

総選挙の後、新政権の繰り出す政策の何と多いことか。それが全部具現するとは当事者も思っていない（ようだ）。「そんたにじっぱりならべで、何ともならねぁぐなったら誰責任とらじゃ（そんなに政策を並べ立てて、実現できなかったら誰が責任を取るんだ）」との床屋政談も聞く。

物がたくさんあることを「じっぱり」「ずっぱり」「じっぱし」という。県内全域で用いられ、北海道や岩手でも使用者がいる。山形（米沢）は「しっぱり」というが、別系統の語か。

器に物が満ちているさまを言う中世末の「づば」が「ずば」に音変化した上、「ずばと」「ずばりと」を生み、さらに「ずっぱり」「じっぱり」に形を変えたのだろう。「じっぱし」は「やっぱり」を「やっぱし」という類いだ。

「正月来るな楽しみだ。痩《や》せ馬（やしぇまんこ）じっぱりもらえるんてがに（正月が来るのが楽しみだ。お年玉をたくさんもらえるから）」。子供のころの期待は無邪気なもの。

県内では「たくさん」を意味する語が、それこそたくさんある。「のっこり」「のっさり」「どっちり」「もっこり」「もらり」は降雪量や収穫物の多い場合に用い、「んって」「んっと」「んとて」「うんじだけ」は、その程度が嫌になるほど多い（大きい）ことをいう。ほかにも挙げればキリがない。が、語感の違いを学べば豊かなことばづかいになること請け合いだ。

〈2021・12・27〉

125 がっぱ

半世紀ほど前まで、雪の季節には庶民は下駄《げた》を履いて道を歩いていた。少し裕福な家では防寒のために爪先を覆う「爪革《つまかわ》」を着け、滑り止めの金具を打ちつけて用いた。湿り気を帯びた雪が塊となって下駄に付着すると、歩くのにひどく難渋する。時々立ち止まって雪を除く姿を見かけた。

付着した塊を男鹿・南秋では「がっぱ」と呼んでいる。鹿角や大館・北秋では「こぶ」、能代・山本では「ごっぷ」「ごっぱ」「ごっぽ」と呼ぶことが多いようだ。秋田市では「ごっこ」が優勢のようだが、秋田市以南では「ぼっこ」と称する地域が多い。箱ぞりやスキー板に付着してイライラのもとになるのも、ほぼ同じ呼び名が用いられる。

「がっぱ」は本来、木履《ぼっくり》状になっていて歯に相当する部分のない下駄を指すことばだった。それが「歩きにくい履き物」から「歩きにくさの原因」の雪の塊に意味が変わったのだろう。「こぶ（瘤）」は即物的な命名。「ごっぷ」「ごっぱ」「ごっぽ」などは、そこから派生したのだろう。「ぼっこ」も他の語形と無関係ではなく、「こぶ＝こぼ」の前《まえ》後《うしろ》を入れ替えた語形かと考えられる。

「長けり履ぐえんとなて底さがっぱつがねぁしてええあんべぁだな（ゴム長を履くようになって靴底に雪の塊がくっつかなくてとても具合がいいね）」。スキーもいいワックスを塗ると雪が付着しないとか。「がっぱ」はすでに昔語りの材料と化したか。

〈2022・1・10〉

126 たろんぺ

つららのこと。「たろっぺ」と呼ぶ地域もある。主に旧岩城町から北の海岸沿いに分布する。旧本荘市は「たろご」または「じろご」、にかほ市や県の内陸部は「しが」「しがっこ」、鹿角・大館は青森県津軽地方と同じく「しがま」と呼ぶ。

「たろんぺ」「たろっぺ」は「垂《た》る氷《ひ》」に由来する。「氷室《ひむろ》」など「ひ」が氷の意を有する語は珍しくない。「たろご」「じろご」はつららの大小を太郎と次郎に見立てた呼び名で、もととなった「たろご」は「垂る氷《ごおり》」の省略形だ。これらの名称の地域は、垂直方向に伸びる氷柱と、水平方向に張る薄氷(「しが」「しがっこ」)を呼び名で区別する。

にかほや県北部ではどちらも「しが」または「しがま」と呼び、それに続く動詞の「下がる」と「張る」で垂直か水平か区別する。

「雪合戦して喉《のど》かわでたろんぺおだって舐《な》めったごどある（雪合戦をして喉が渇いてつららを折り取って舐めたことがある）」。何もなかった時代、この上ない甘露だったはず。平安時代に書かれた『源氏物語』に登場する「たるひ」は、今の「つらら」のことだった。一方、当時の「つらら」は水溜《みずた》まりなどに薄く張った氷や、低温で凍り付いた氷を指していた。氷柱の意味で「つらら」が登場するようになるのは室町末期のことらしい。ものの認識は地域や時代によって違いがある。小さなことにこだわってこそ見えてくるものもある。

〈2022・1・17〉

127
まくまく

体調不十分で医者の問診を受ける。手足の痛みなら「ずきんずきんと病《や》む」で済ませられるが、吐き気を催すような頭痛の場合は、どう表現するか?。

クラクラめまいがする場合と、チクチク刺すような痛みを感じる場合とでは、おのずと説明の仕方が変わってくる。このごろでは医師や看護師が患者の訴えるあきた弁を理解しようとするようになってきた。好ましい変化だと言える。

普段から血圧が高く、脳出血の不安を抱える患者が「まくまくで（まくまくする）」と言ったら医師はより慎重な診断を迫られる。不安におののく患者はとっさには「標準語」が操れない。医師はその様子を観察しつつ適切な処置をする。ことばのやりとりが鍵になることもあるのだ。

「湯さあんまりなげぁぐへぁっていたてがに出るじぎまくまくでぐなってしまった（風呂に長く漬かり過ぎていたので出るときにめまいがしてしまった）」。この場合は深刻でなさそう。思考が錯綜《さくそう》混乱してイライラが募る場合にも「まくまく」となる人もいる。

鹿角では用いないことばらしいが、他の地域では不調やイライラを訴える時によく使われる。

「まくまく」の由来を漢語で理解しようと「膜膜」の字を当てた書物もないではないが、目がくらむ状態を擬態語で表現したと見るべきだろう。富山や山形でも同形の語が用いられている。これは偶然ではないだろう。

〈2022・1・24〉

128 よえでねぁ

全国一様に共通語化が進み、方言の違いを超えてよその土地の人との交流が容易になった。それでも、発音の微妙な聞き取りには苦労する。「コーリッツエーナ」は耳で聞くだけだと「効率いいな」か「凍り強いな」か区別しにくい。

発音の癖や文脈を抜きにして誤解なく通じ合うのは容易ではない。「よえでねぁ」は「容易でない」に違いないが、共通語だと「容易ではない」のように「は」や「も」を挟んで用いることが可能なのに、あきた弁では「よえでねぁ」で一語の扱いをする。

商談の相手が一枚上手《うわて》で思うようにいかないとか、抱えた課題が易々《やすやす》と進まないなどの場面での「よえでねぁ」は、「たやすくない」「難しい」「手強《てごわ》い」の意味で用いられる点で「容易でない」と同意だ。ほかに「楽でない」「つらい」「厳しい」「ひどく疲れる」など、徒労感を抱えて困惑している場面でも使われる。患者の病状が深刻な場合、「よえでなさそうだった」と感じることもある。

「毎日毎日雪寄せ続いて年寄りだばよえでねぁな（連日の除雪で老人にはつらいね）」。体力勝負にも限度がある。

「感染者増大だど。抑えるなよえでねぁてねが（感染者数が増大しているって。蔓延《まんえん》防止は厳しいんじゃないか）」。難しい表情で「よえでねぁ」「おどげでねぁ（笑い事じゃない）」「ゆるぐねぁ（厳しい）」と誰もが心配している。

〈2022・1・31〉

129 えちゃまちゃ

年齢を重ねるにつれて体が思うように動かせない不自由さを感じるようになる。日ごろ心がけの良い人はスクワットに精を出したり、万歩計持参でウォーキングに励んだりして老化を一日でも遅らせようと努力する。だが、感染症の蔓延《まんえん》で外に出ることを極力控えるようになって、急激にフレイル（衰弱）を実感する人も少なくないようだ。

足元がおぼつかない様子を、鹿角では「えたえた」「えちゃえちゃ」と言い、秋田市周辺や県南部では「えちゃまちゃ」「えっかまか」「えからもから」と言う。鹿角以外では「えこまこ」「えこらまこら」「よこらまこら」などの語形も認められる。いずれも心もとない挙措《きょそ》（＝うごき）を擬態語で表現したものだ。

山形では「えんがらまんがら」「えがらまがら」の語形が見られ、島根では「いんがらもんがら」という言い方が用いられている。山形人も島根人も秋田人と同じ感覚で擬態語を作り出したのだろう。

老人に限らず、病人がふらついてヨロヨロする場合も、よちよち歩きの幼児の歩行にも同じ語が用いられる。つい手を差し伸べたくなる動きは共通している。

「年寄《としょ》りだげで雪寄《ゆぎよ》しぇるても体ゆーごどきがねぁして家《え》の前《めぁ》えちゃまちゃでぐしてら（高齢者だけで除雪しようにも体が思うように動かないので、家の前の道を情けない状態にしている）」。雪国に暮らす老人の悩みは、独居者に限らず深刻だ。〈2022・2・7〉

130　はえたー

「はえたー」「はーえったー」は失態を演じたときに上げる声（感動詞）である。自分自身の失敗を認める場合は、「さい」「おっちゅ」という困惑・後悔を含む語で済ますことが多いのに、他人がやらかした失策にはそれを揶揄《からか》って囃《はや》したてて「はえたー」が多用された。南秋田郡以北（鹿角は除く）で用いられ、県南では「あーえった」と言ったらしいが、同じものだろう。「は」「あ」は驚きや当惑したとき発する感動詞。それに不都合な事態に進んだ意の「えたー」「えったー」（行った）が複合して「ああ、やっちゃった」という場面で用いられた。

草野球でボールが窓ガラスを壊してしまったりすると、誰ともなく「はえたー、おらしらねぁ（さあ大変、俺は知らないよ）」と、蜘蛛《くも》の子を散らすように逃げだし、打った本人に責任を押し付けようとする。子どもの遊びの中で発せられた他愛《たわい》ないことばだろうが、やらかした本人は半べそをかきながら謝りに行かなければならなかった。「はえたー、おらしらねぁ」は無関係を強調し、責任を回避するにはもってこいなのだが、女の子の間ではあまり使われることがなかった。男は男ことば、女は女ことばという意識または生き方を強いてきた一端がうかがえる。

語の盛衰には現代社会の微妙な圧力もある。失敗で驚き落胆する意の「はえたー」が残り、「おらしらねぁ」の責任回避とは無縁になればいい。

〈2022・2・21〉

131 ゆせんこ

直火《じかび》で加熱するのではなく、容器に入れた液体や固体を湯の中で間接的に熱することを「湯煎《ゆせん》」と言う。冷凍食品やレトルト食品の解凍や加熱方法として「湯煎」と表示された品々が出回っているが、かつては酒や薬を温める場合や、溶かしバターとする際に用いられる方法を言った。

秋田では加熱の仕方ではなく、酒に燗《かん》をつける道具の名に変化した。「ゆせんこ」「ゆしぇんこ」「ゆへんこ」「ゆひんこ」「えしぇんこ」などと呼ばれるこの器は、徳利《とっくり》（銚子）のことだ。語尾の「こ」は、愛すべき酒の伴侶であることの親しみを表す。鍋または薬《や》罐《かん》の湯で飲み頃になるまで温めて「熱燗」「人肌」「ぬる燗」などそれぞれの好みに調える。

徳利を「すず」と呼ぶこともあるが、元は金属の錫《すず》で作られたからだという。器がガラス製や陶製になっても名前だけは「すず」を残している。

「めへやで飲むじぎゆせんこガラスだばえーどもな（飲み屋で酒を飲むとき徳利がガラス

製だといいのにな)」とは左党《さとう》(飲み助)の弁。ガラス製だと上げ底でなく酒の量が正一合入っているのが確認できるからなのだとか。「たちっと」最後の一滴まで所望する飲み手には切実なのだろう。残念ながら今は多くが陶磁器製だ。

生卵などに熱湯を注ぎ、フタをして蒸すことを「ゆせん」と呼ぶのは由利地域の特異な例かもしれない。〈2022・2・28〉

132 はらわり

文字にすれば「腹悪い」。腹黒い人柄を意味するものではない。「はらんべわり」と同じ。「はらんべわり」も腹具合(腹の調子)が悪いということではない。いずれも「腹立たしい」「胸くそが悪い」と感じられたときに発することばだ。不愉快な思いをしたら我慢せず正直に表明するのが精神衛生にはよろしい。

「金出したがらてはらちえごど言ておがだでば、はらわりな(スポンサーだからって高慢なことを言ってあんまりだ。腹が立つなあ)」。よくあることではあるのだが。

強者が相手を屈服させようと武力を行使する。そんな現実を目の当たりにしては、穏やかな気持ちでいられるはずがない。ところが世界の緊張状態に乗じて、非核三原則を見直す議論を始めようとする者がいる。どさくさ紛れの悪知恵が働いたのだろう。早速被爆者や反核団体が抗議の声を上げた。為政者に「はらわり」思いをしていることが伝わった。為政者に「はらぱしり（下痢）でもしてれ（していろ）」などと呪いをかけることはしないだろうが、怒りはもっともだ。

年を取るにつれて人格は円満になるらしいが、上面《うわっつら》を取り繕って波風を立てないようにするのとは違う。「腹に一物」ではなく「腹を割って」相手と向き合うこと。率直に、しかも上手に、喜怒哀楽を表現できて共感を得られるようになるべく、老齢に達しても修養を積みたいものである。〈2022・3・7〉

133 のさばる

全国共通語としての「のさばる」は、気ままに振る舞うとか横柄な態度をする意で用いられ、時に植物が繁茂し幅を利かすという迷惑感を伴う語でもある。

中世から用例が見られる「のさのさ」という語がある。周囲のことに気を配らないで、ひとり横柄に振る舞うさまを言う。いわゆる空気の読めない人は、どんな時代にも迷惑な存在なのだ。「のさばる」はそれを動詞にした語だと認めてよい。「悪人が世の中にのさばる」「空き地に雑草がのさばる」といった言い回しがおなじみだろう。

一方、宮城北部から北東北に分布する「のさばる」は、子どもなどが甘えてわがままにすることを言う。外出して歩き回った揚げ句、疲れたからと「おんぶ」をねだる幼児の態度などはまさしく「のさばる」そのものだ。だが「のさばられる」側はさほど迷惑だと感じていないことが多い。孫を猫かわいがりする年寄りなどはコロリとやられている。そもそも勝手な行動を承知の上で甘えさせているのである。

「おらえのめんこだもんで、のさばってしぇながさへばりちではなれねぁな（わが家のかわい子ちゃんだから、甘えて背中にへばりついて離れないよ）」。ただし「のさばる」ような甘えが無条件で許される幸せな時期はとても短い。

武力で相手を蹂躙《じゅうりん》している某国の「のさばる」は、子どもの「のさばる」とは訳が違う。

ツケは誰が払うのだろう。　〈2022・3・21〉

134　ひまだれ

「ひまだれ」は時間を空費したり、させたりすることを意味する東北地方特有のことばだ。退屈しのぎの「暇つぶし」と重ならないでもないが、迷惑をかける、またはかけられるという点が大きな違いだ。

「わんざに来てもらてひまだれかげでわりすな（わざわざ来ていただいてお手間を取らせて済みませんねえ）」。これは相手に時間と労力を提供させた場合。

「こんたにめんどくしぇごどやらさえでひまだれでなもかもねぁ（こんなに面倒くさいことをやらされて時間ばかりかかってどうしようもない）」。時間の空費でイライラが募り迷惑感が極まった時に口をついて出るグチ。

「暇垂れ」、つまり時間がダラダラと垂れ流しされるイメージで用いられるのがふつうだ。秋田市周辺では「ひまずれ」も用いられる。静岡県には「ひまずいえ」の語形が存在することを考慮すると、「暇費《づい》え」に由来すると見るのが至当だろう。あきた弁の中には「思う」が「おもる」のように語尾がラ行化する現象が認められるから、根拠薄弱とは言えない。

由利地方では「ひまだおれ」「ひまどれ」の語が分布する地域があり、「暇倒れ」が「ひまだれ」の原形ではないかとも考えられるのだが、どうだろう。

いずれにしても、時間と労力を無駄に費消するのはよくないという思慮（「時は金なり」）が、「ひまだれ」の語に反映しているのだろう。〈2022・3・28〉

135 むかれどぎ

いまでは高齢者でも記憶しているかどうか心もとない古めかしい語だが、全国に似たような語形が分布している。県内では「むがどぎ」「むげぁどぎ」「むげぁずぎ」などの変異形も多い。人が亡くなって一周年に当たる日や赤子の初誕生日を意味した。

「おじーさん亡ぐなってはえーもんで来月でむかれどぎだな（おじいさんが亡くなって

早いもので来月でもう一周忌だな)」

「向かう」から派生した「むかわる」は平安初期から用例があり、過去の事と向き合う位置に巡り来ることを意味していた。それが中世末には「むかわり日」「むかわり月」の形で一周忌や誕生日を指す語として用いられるようになった。さらに近世以降、「むかわりどき」の語形をも生み出すに至った。「時」であれ「月」であれ、心に刻み込む記念となる日として向き合うのだ。

「おえもハァ喜寿のむがどぎだでぁ(やれやれオレも七十七の誕生日だよ)」のように、高齢者の誕生日に用いるのは南秋地域に限定されるようで、ふつうは赤子の初誕生日を言う。

韓国ドラマでは付き合い始めて百日目、一年目などそれぞれに日数を数えて花束やらプレゼントを贈るのを目にするが、このような形での「むかわり」はわれわれにはない。戦争を始めて一カ月、三カ月、半年、一年をしっかりと記憶に残すために、「むかわり」の語に新たな命を吹き込みたいものである。

〈2022・4・4〉

136 としょる

命あるものはすべて年寄る《としょる》（老いる）。不老不死とはいかないのである。年齢を重ねるに従って今まで経験しなかったことを味わうことになる。それが成熟という名に値するなら満足感も得られようが、実際は、目がかすむ、耳が遠くなる、歯がガタガタになる、記憶があやふやになる、ひがみっぽくなる、依怙地《いこじ》になる、周囲に尊重されないといって怒りっぽくなる、などなど、老化の特徴はいろいろある。若手に地位や立場を譲らないと「老害」という語まで使われる。

「よろける」のは体の安定を失って転倒しそうになること（全県）、「もちょぐれる」「むちゃぐれる」は加齢による身の衰えで動作や判断が遅れ支障を生じること（山本、南秋地域）、「もろぐちぎる」（鹿角を除く全域）は「耄碌《もうろく》尽きる」という末期的症状。

老化による心身の不調は誰にとっても未知の体験だけに、その不安に乗じた商売も盛んだ。栄養補助食品が喧伝《けんでん》する効果がどれほどのものか知らないが、年寄り臭くなりたくないという風潮をよく反映している。

「あのふとひしゃしぶりにあったけ、としょってあったな（あの人に久しぶりに会ったら年寄りじみていたなあ）」。これは正直過ぎる感想。「薹《とう》が立つ」とは野菜類が収穫時期を過ぎてしまうことだが、秋田ではこれも「としょる」と言う。逆に女性について「薹が立つ」と比喩すると角が立つ。〈2022・4・18〉

137 むぐす

赤ん坊におしめ（おむつ）をかったまましばらくしてカバーを外すと、濡《ぬ》れている。それを見て、「むぐしている」と言って、新しい物に交換する。「むぐす」とはおしっこ（尿）やうんこ（大便）を漏らすことをいう。育児の初めに欠かすことのできない作業が、排泄《はいせつ》の有無の確認なのだ。

「むぐす」は漏らす意で用いられるが、「潜《もぐ》る」と縁のあることばだと、大里武八郎翁は言う（『鹿角方言考』）。隙間から抜け通る（＝漏れ潜《くぐ》る）のが「もぐる」で、それを他動詞にしたのが「むぐす」なのだとか。

県内での「むぐす」は赤子のおむつへの排尿排泄に限らない。大人でもこらえきれずについ漏らしてしまう尿失禁や便漏れ、おならなどをも意味する。俗語の「ちびる」に近いかもしれない。

年寄りが面目なさそうに「むぐした」と告白することがある。加齢に伴って身体のコントロールがままならなくなっての悩みなのだが、自然の摂理だと割り切るには本人のプライドに反するのだろう。口にするのを憚《はばか》る人が多い。

「散歩してだら急に我慢さえねぁぐなって猿股《さるまだ》さむぐしてしまった（散歩の途中で急に尿意を催して我慢できなくなってパンツに漏らしてしまった）」

乳児も老人も意のままにならないことがあるのは当然。嫌悪や羞恥の対象とするのはどうか。朝の話題として適切かどうかは別問題だが。

〈2022・4・25〉

138 まがす

「が」は鼻にかけない濁音。液状のものは容器で持ち運び、取り扱う。升酒のようになみなみと注《つ》ぎ溢《あふ》れさせるのではなく、不注意や不測の事態で入れ物からこぼしてしまうこと、また、ひっくりかえしてしまう場合にも言う。ひっくりかえす動作は「とっくりげぁす」と言うことも多い。

「まげる」と「まがす」はほぼ同意だが、「まがす」がついついやってしまった失策だとすれば、「まげる」は多分に意識して取る行動だ。いずれも「撒《ま》く」に基づくと考えられる他動詞で、液状のものを入れ物の外に出す行為を言う。

「さいっ、椀《わん》このおじげっこまがしてしまった(しまった、椀の中の味噌《みそ》汁をこぼしてしまった)。少量ならともかく、全滅なら目も当てられない。

「まげる」には「小便まげる」や「糞《くそ》まげる」という排泄《はいせつ》を意味する使い方もある。汚いものや嫌なものを身に付けていたくなくて外に放り出すことを「こく」と言うが、「まげる」にも似た語感がある。

「まげる」の方にはさらに、「言う」「する」の野卑なマイナスイメージを帯びた使い方が、県内では見られる。(1)「ばしまげる」「じほまげる」＝嘘《うそ》をつく (2)「じんぴまげる」「きさじまげる」「えふりまげる」＝格好をつける、などなど。

多用すると人柄が疑われかねない「まげる」より、オッチョコチョイを笑って済ませる「まがす」の方が平和に思える。〈2022・5・2〉

139　しょわしねぁ

形容詞「せわしい（忙しい）」の語幹「せわし」に、状態が甚《はなは》だしいことを示す「ない」という語尾の付いた語が「せわしない」である。中世以来全国に普及した。県内にはその変異形がいろいろある。「しぇわしねぁ」「せわしねぁ」「ひわしねぁ」「せばしねぁ」など。忙しそうに落ち着きがない様子をいう。なすべきことが次から次へと続いて対応する暇《いとま》がない状態、また、それにせき立てられているようで気が休まらないことなどを意味する。

南秋・山本地域には「さしねぁ」の形で、うっとうしい、ジメジメして不快だという用法がある。「せわしない」と直接つながらないような気もするが、発音変化の上からは同一と見なして不自然ではない。暇がなければ何事も億劫《おっくう》で、無気力、投げやりになりがちだから、意味の上でも帰するところは不機嫌・不潔。肌感覚では水や雨に濡《ぬ》れた気持ち悪さまで表すようになったのだろう。

行動や人柄を評価する言い方として、「こっちゃしねぁ」（＝こせわしない）という派生形が県内各地にある。子どもを叱る場合は「うるさい、やかましい」という小言に、いい大人に向けては挙動が定まらず口出しの多い困った存在への陰口になる。

「毎日しょわしねぁして何ともなねぁな（連日忙しくて落ち着かなくてどうしようもないなあ）」。気ぜわしい、と緊張していれば病になりにくいとか。真偽は不明だが。

〈2022・5・16〉

140 ほいと

麦粒腫《ばくりゅうしゅ》と言えば物々しいが、まぶたのふちの皮脂腺やまつ毛の付け根に雑菌が入って炎症を起こし赤く腫れる病気のことで、一般に「ものもらい」と呼ぶ。

この腫れ物ができたときは、水屋（台所）口から飯などをもらい受けて食すと治るという俗信があった。「めしもらい」「めこじき」「いいもらい」などの呼び名が各地に見られるのはその証拠である。だが県内で多用されるのは「ほいと」であろう。

「ほいと」は「陪堂《ほいとう》」に由来する由。陪堂とは、僧堂の外で米や金銭の喜捨を受ける禅僧を言ったのだが、無為徒食の欲深者《よくふかもの》として、「乞食《こつじき》＝こじき」同様、蔑《さげす》みを含んだ名称に価値が下落した。「ほいとけぁし」は罵《ののし》りことばの最たるものだろう。

麦粒腫には、「目疣《めいぼ》」「目根太《めねぶと》」（西日本各地）「めかいご（目卵）」（北関東）のような即物的命名や、「いんのくそ（犬の糞《くそ》）」（九州各地）、「ばか」（岩手・山形）など不快や嫌悪の感情を帯びた呼び名もある。北秋田地方の「めっぱ」は目が腫れて片目しか利かないからか。由来を探るには「めっこまま」（片目＝硬めのご飯）がヒントになりそうだ。「のみ」「のめ」（鹿角・北秋）は名付けの理由が不明だ。

「きたねぁ手でまなぐこすったがらだべが、ほいとでぎだ（不潔な手で目をこすったせいなのか、ものもらいができた）」。衛生観念の普及で今は昔の物語か。〈2022・5・23〉

141 かっぱずす

物を取り損ねて落としてしまうこと、または持った物を誤って取り落とすことを「かっぱずす」という。主として仙北・平鹿・山本・南秋の各地域で用いるが、青森の津軽でも見られるから、もとは広い分布だったのだろう。料理を運ぼうとして手が滑ったとか、つまずいたときなど、失敗の際に多く用いられる。

首都圏の人には某回転ずし店の名前に聞こえたとの笑い話があるらしい。「し」と「す」の発音が近似しているのが原因だ。

同じような発音で「かっぱじす」は、由利と南秋地域では誤って水に落ちることを言う場合がある。「かっぱじ」のもとになった語形は「かっぱり」（鹿角・北秋田・山本・仙北などに分布）で、「り」と「じ（＝ぢ）」の音が近かったせいで生まれた（りんごをじんごというのも同様）。

同じく水に落ちることを平鹿・由利などでは「かっぱとる」と言い、語源を「河童《かっぱ》」とする俗説が流布している。隣接する地域には「かわぺぁり」（岩手県）、「かわっぱり」

（新潟県）、「かぇぱり」（青森県）の語形が分布するから、もとは「川はまり」か「川入《はい》り」からきた語だろう。一方、「かっぽとる」（北秋・山本）には、水に落ちたときの音の感じが保たれている。

「よそ見してだけぁ持《も》てだごっつぉかっぱずした（よそ見をしていたら持っていた料理を取り落とした）」。水にはまるのにも要注意。〈2022・5・30〉

142 じぎ

「じぎ」は「遠慮」の意。人と会えば関係が生じ、その時々に応じた適切な態度あるいは措置が求められる。古代中国から伝わったことば「時宜《じぎ》」が意味するところである。だが日本では室町時代以降「あいさつ」の意に用いられ、「辞儀」や「辞宜」とも表記された。お辞儀の仕方ひとつとっても、謙遜や遠慮の心配りは欠かせない。ということで、人間関係での距離感を示す「遠慮」の意ともなった。

「じぎ」は県内では「じんぎ」とも発音される。過度の遠慮は相手にことさら距離を置こうとする態度だとして嫌われる。「かしこじんぎ」（能代・山本）は相手に対してかしこまり怖じ恐《お》れての遠慮だという。「さるこじんぎ」（湯沢・雄勝）は猿知恵での体裁だけの心にもない遠慮。「からじぎ」（鹿角）も空疎な遠慮を言うのだろう。県の中央から県南にかけては、「かしじぎ」が用いられてきた。「かし」は「滓《かす》」。役にも立たない、無用の、という意味を含んでいる。

「なんぼ酒こ勧めでものまねおん。じぎばりしてやじがねぁな（いくら酒を勧めても飲まないんだもの。遠慮ばっかりしてだめだなあ）」。酒の国秋田に酒豪が多いとされるのは、この人物評価の故か。

地域の生活に公助をさほど期待できない時代、自助努力だけでも限界がある。共助で暮らしやすくするには、人の親切を受け入れる「遠慮しない」生活態度のよさを見直すべきかもしれない。

〈2022・6・6〉

143 じんじょー

漢字では「尋常」と書く。漢語由来のことばで、「尋」が八尺、「常」が一丈六尺の長さの単位を言い、もとは長短、広狭ほどほどの差を意味していたと辞書にある。それが「普通一般」という意味に転じて「尋常一様」「尋常尺寸《せきすん》」などと用いられた。ありふれていて普遍的なあり方と意識されていたからか、「尋常」に「よのつね」の訓が当てられている例も見られる。

礼儀正しさや慎み深さが集団の調和を乱さない上で大事だと考える時代には、「尋常」が一番なのだ。目立たず個を守る、それでいて一目置かれもする。中世以後の日本語で「尋常」が「しとやかだ」「殊勝だ」「立派だ」の意で用いられているのは、それが人として認められる当然の要件だったからだろう。『平家物語』や『太平記』など、用例には事欠かない。

県内でもほぼ全域で「じんじょー」が目立たず品格の良いこと、しとやか、おとなしい意で、褒めことばとして用いられる。「よげーだごどしゃべらねぁしてたいしたじんじょーだふとだ（余計なことをしゃべらずとても立派な人だ）」。口は災いの元だもの。「正直」の意に「じんじょー」「じんじょ」を用いたとの報告が能代山本を除く各地から得られている。「尋常」に託された理想は「正直」をもって極まるということか。口先で民意を得ようとする御仁《ごじん》に、何を目論んでいるのか正直に語らせるのは尋常なことではないだろう。

〈2022・6・20〉

144 さんじゅぐのあめ

地球温暖化のせいで今や異常気象が日常化してしまった。天候不順は農作物への影響も大きいから、物価高騰につながる。長時間の大雨は災害をもたらす。昔は耳にしたことのない「線状降水帯」という気象用語もニュースに登場するようになった。

梅雨明けに近い頃、土砂降りの雨に見舞われると、高齢者たちは「さんじゅぐのあめ」と呼んで恐れた。「しゃんじょぐのあめ」「さんじぐのあめ」（山本・南秋田・由利の各地）と呼ぶこともある。大粒の雨の勢いを「車軸《しゃじく》」が流されるほど激しいと表現しているのだ。だが車軸と言われても姿が思い浮かばなくなれば、おのずとことばも変形していく。極端な形は「さんぞくのあめ」（南秋田・秋田市）である。いかにも恐ろしげな山賊が襲いかかってきそうな、不吉さを感じ取った呼び名だ。

『日葡《にっぽ》辞書』は「しゃじくのあめ」を「並外れてひどい大雨」と説明する。それに近い形で全国に広まったのだが、県内では自分なりに納得し維持できる形へと合理化したのが「山賊の雨」なのだろう。

「そらがらばけじまがしえんとふって、こえだばさんじゅぐのあめでねぁが（空からバケツをひっくり返したように降って、これを言うなら『さんじゅぐのあめ』じゃないか）」

雨漏りの心配どころではなく、洪水になりそうな雨脚の強さをとらえた的確な気象情報だと言えよう。

〈２０２２・７・４〉

145　こじける

「こじける」の古形「こじくる」は、『日葡《にっぽ》辞書』に、すでに煮え立っていて水を入れるには不適当な時であるのに、水を差したり、これと似たようなことをしたために、物がよく煮え切らない状態にすること——とある。「めっこ飯《めし》＝半煮え半生《はんなま》の硬い部分がある飯」ができるのも、これと似た行為の結果だろう。

現代の「こじける」は炊飯とは関係なく、物事が順調に運ばないこと、もつれることを言う。自分の思い通りにことが進まないでいるとイライラが募り、憤るのが人情というものだ。県内に限らず青森、岩手、山形、宮城、岡山などで、つむじを曲げる、拗《す》ねる、だだをこねるという不機嫌な態度や行為を表す語に「こじける」を用いている。

県内では「こじける」の語形のほかに、「こんちける」も用いられる。鹿角地域では「こんちくれる」という形もみられるが、これは「ひねくれる」に形をそろえたものだろう。

気分を害して反抗的な態度を取ったり、ベソをかく様子はいかにも子どもの所作にふさわしい。「こじける」は「むんつける」と似ていながら、行為の主体の幼さを感じさせる。

「あのわらし、ごしゃげばこじけでゆーごどきがねぁしてこまる（あの子、叱ると拗ねて、言うことをきかないので困る）」

根性が曲がっていると判定され、当人もそうと分かってはいても、すぐに機嫌を直す

わけにはいかないものらしい。〈2022・7・18〉

146　ながらまじ

「物事を実行しようか、しないでおこうかと迷うことは、大概、しないのがよいのだ」とは古人の至言である（『一言芳談《いちごんほうだん》』『徒然草』にあり）。なのに、事を始めようとするときは勢いに駆られて、先の見通しも不十分なまま突っ走ってしまい、挙げ句、挫折してウヤムヤになって終わる。結果は言うまでもなく「中途半端」の評価を受ける。

中途半端なことをすると具合が悪いぞ、という気持ちを含んで、東北地方では「ながらまじ」「ながらまじけ」「ながらまんちけ」「ながらなまじ」の語を用いる。「ながら」は物事の中途を言い、完全な状態に至っていない状態（＝中途半端な状態）を指す。それに「なまじい」あるいは「なまじっか」を重ねた語が「ながらなまじ」類だ。「なまじい」「なまじっか」は不用意なまま事に臨んでも期待通りにならないことを予想している。県内で広く分布する「ながらまじ」は、よせばいいのに中途半端なことをして、という皮肉な観察眼が働いていることがうかがえる。

「国葬だどや。ながらまじ功労者になどさねぁで、いっそ神社さでも祀《まつ》ったらなんとだ（国葬にするんだって。中途半端に功労者なんかにしないで、いっそのこと神社に祀って神様にしたらどうだ）」

勇ましいことを言っても徹底しなかったり、優柔不断な忖度《そんたく》を繰り返したりしているわが日常、情けなくも「ながらまじ」とともにあると感じる。

〈2022・8・1〉

147 かぷける

「かぷける」とは黴《かび》が生えることを言う。県内の全域で用いる語で、意図するしないにかかわらず、そのような状態になることを言う自動詞だ。

「かぷける」は青森・岩手・山形、「かぶける」は青森・山形・福島の各県に分布する。「かぶれる」の形だと平鹿地域以外に岩手・宮城・山形・福島・茨城・新潟の各地に見られる。

「かぶれる」の本来の意味は、漆や薬剤の成分に肌が負けて湿疹や炎症を生じることだが、その病態がいかにも黴の生えた状態に似ていることが、語形の接近を生じさせたのだろう。

夏の雨続きの頃には食べ物が腐敗しやすい。電気冷蔵庫が普及する前はいかにして口にする物を傷まないように管理するかが、家政上の腕にかかっていた。食卓のおかずなどに蠅帳《はえちょう》をかぶせ、風通しをよくして虫がつかない工夫もした。

だが高温多湿の毎日ではいくら頑張っても限度がある。「あめる」という状態になって残念な思いをすることもよくあった。「あめた」米飯はざるに取ってヌメリを除いてから、水かけ飯にすれば何とかなるが、黴が生えてしまうと始末に困る。

「みんじゃの下さ置いだなすがっこ、かぷけでくわえねぁぐなってだ（流しの下に置いた茄子《なす》漬け、カビて食えなくなっていた）」冷蔵庫のような文明の利器も不注意には勝てない。ゆえに「かぷける」は死語にならないのでは。

〈2022・8・15〉

148 まきり

「まきり」とは小刀のことで、多くの人はアイヌ語由来のことばだと信じている。だがこの説には腑《ふ》に落ちない点がある。

元々アイヌの人々は鉄器を生産する術《すべ》を持たなかった。にもかかわらず「まきり」という小刀を指す語があるのはなぜか。内地から道具が流入し、漁場で魚をさばく労働に従事した際に新来の刃物を採用したことによるというべきだろう。国内では北海道に限らず岩手・山形・石川・島根などでも小刀を「まきり」と呼んでいる。

では「まきり」の正体は何かというと、「爪切《つまきり》」の先頭の音が脱落したものと考えられる。室町末期の字引類は「爪切」に「つまきり」の音を当て、『日葡《にっぽ》辞書』には「爪を切るために使う小刀または刃物」との説明がある。室町中期の記録には「つまがたな」の語も見え、爪を切るのに小刀を用いていたことが分かる。爪切＝小刀だったのだ。

爪切を「つめきり」と読むのは江戸時代になってからとみられ、「つめとりばさみ（爪取鋏）」を使用するのは江戸後期になってからのことらしい。

「そごさあるまきり使って縄切ってこっちゃよごしぇ（そこにある小刀を使って縄を切ってこちらによこせ）」。「肥後守《ひごのかみ》（簡易な折りたたみナイフ）」と並んで「まきり」は幼い子どもがけがをせずに刃物を扱うためのよい教材だった。今の子どもたちにはどうだろう。

〈2022・8・22〉

149　ひっくなぎ

野鳥の中でもセキレイは身近な存在だ。その呼称は県内でも変化に富んでいる。「いしたたき」は秋田市をはじめ山形や九州、北陸、瀬戸内にも広い分布が認められる。男鹿では「はまつばめ」の形が見られる。飛翔する姿をツバメになぞらえたか。県の北部では「かわらすずめ」「かなすずめ」が多く分布する。雄勝には「かわらはしり」の名がある。川原をちょこちょこ動き回る姿を場所と関連付けて名前としたのだろう。県の南部内陸に見られる「ひっくなぎ」「しっくなぎ」「いしくなぎ」は、関西以東に似た形で広く分布する。この名は「いしたたき」以上に思わせぶりだ。「くなぐ（婚《くな》ぐ）」

とは交合、すなわちセックスを意味する古くからのことば。『日本書紀』神代巻にイザナギ・イザナミ両神が神々を産み出すのにその術《すべ》を知らず、セキレイの示唆を得たというので「とつぎおしえどり（嫁ぎ教え鳥）」の名を留《とど》めた。その名残とも言うべき呼称が石とセックスする鳥、「いしくなぎ」だ。音変化して「しっくなぎ」「ひっくなぎ」となった次第。潟上で「つくんつくん」と呼ぶのも、その動作をとらえたものだろう。

「あのとり、ひっくなぎてしゅーてが。おらだばでんじきどりこてしゅーで（あの鳥を「ひっくなぎ」と言うのか。おれなら「でんづきどりこ」と言うよ）」

「でんじ（づ）き」とは何だ。方言集に未収録の語をたまたま五城目町で耳にした。

〈2022・8・29〉

150 だまこ

小麦粉を水や湯で溶いたとき、手際が悪いと「だま」になる。語頭の濁音「だ」が、失敗作というマイナスイメージを醸し出している。秋田の「だまこ」はこれと無縁だ。

「だまこ」は、鍋料理できりたんぽに類する郷土料理だが、遊具の「お手玉」の呼び名としての方が県内では分布が広い。「おてだま」の省略形に、かわいらしさや親しみを表す接尾語「こ」（犬っこ、あめっこなども同様）を付けたもので、県下全域で通用する。布切れで作った小袋に小豆や野草のジュズダマの実などを入れ、歌に合わせて操る女児の遊びだ。

遊びにまつわる呼び名は変化に富む。お手玉も、鹿角では「ざっく」「じゃっく」ともいう。小袋が出す音から名付けられた。阿仁地区など県北部では「ひーふー」「ひふ」と呼ぶこともある。「ひーふーみーよー」と、数えながら遊ぶからだろう。藤里町には「ちきだま（突き玉）」という動作を示す名がある。

由利では「ざぐ」「あやこ」「あやとり」の言い方がある。江戸時代に「あやとり」と称し、竹に綱をつけ、まりなどを投げ上げては受け止める遊芸があったらしいが、その名残をとどめる名称なのだろう。

湯沢雄勝では「めんめんそ」の言い方も。「参《まい》り候《そ》」が遊びを開始する合図だから、とする民俗学者の説があるが、どうだろう。

ゲーム機による遊びの変質で、方言の消失は加速している。〈2022・9・5〉

151 あねこかんじょー

金銭の出納に誤りなきを期するのは誰にとっても重要なことだ。見えを張ってどんぶり勘定した挙げ句、思いがけない請求額の大きさに途方に暮れたりするのは利口とは言えない。

限られた金銭でやり繰りするのにいちばん効果的な方法は、購入した品物一つ一つにその都度支払いを済ますことだろう。これなら手元の残額が一目瞭然、無駄遣いはできない。

野菜でも鮮魚でも、レジで一括支払いが当たり前になってしまった。ひと昔前までは、農家の新妻《にいづま》たちが朝市でひと品ごとに代金を払ってから次の品物に手を伸ばす姿が見られた。これを「あねこかんじょー」という。「あねこ」とは年若い嫁を意味し、金の扱いに不自由な立場で買い物（勘定）することを意味した。しゅうとめに気を使ってのことだろう。

「あねこかんじょー」の語は県下で広く使われていたのだろうが、現在では由利本荘、南秋、能代山本で確認できる程度だ。

何人かで旅行したときなど、互いに立て替え払いした金銭を後で精算する際、支出した一件ごとに現金をやりとりする場合も「あねこかんじょー」と呼んだりする。「まとめて計算するよりあねこかんじょーのほーわがりやしい（一括して計算するよりもあねこかんじょーの方が分かりやすい）」

国家行政の「ざふか（大ざっぱ）」な金遣いには、参考にならないかもしれないが。

〈2022・9・19〉

152　ぼんぼら

「ぼうぶら」や「とうなす」「かぼちゃ」「なんきん」などの名で記録されている作物はアメリカ大陸原産で、その一種ニッポンカボチャは十六世紀後半に中国を経由して九州に渡来し、各地に広まったとされる。

西日本に分布する「ぼーぶら」に対して、東日本の「かぼちゃ」は十八世紀後半に江戸に勢力を得た呼称である。いずれもポルトガル語の「Ｃａｍｂｏｄｉａ　ａｂóｂｏｒａ（カンボジア　アボボラ）」の一部が作物名となったようだ。県南（雄勝・平鹿・仙北）や由利・南秋田などに分布する「ぼんぼら」「ぼーぼら」「ぼふら」は、西日本の「ぼーぶら」が音変化した。さらに変化したのが「どふら」で、北秋田・男鹿・南秋田・山本・仙北に分布する。「ぼんのくぼ」が、あきた弁で「どんのごぼ」に変化したのと同類だ。

鹿角や由利の「となし」「とーなし」は「唐茄子《とうなす》」から。山本・北秋田の「きんと」は「きんとーが（金冬瓜）」の省略形だろう。「とが」（冬瓜、「が」は鼻濁音）は合併前の鷹巣・六郷町で使用例がある。

「ぼんぼら、当たればええどもはじえればなんもうめぐねぁ（カボチャは当たり外れがあって外れたら全然おいしくない）」。食糧難を知る世代には食卓に上るとうんざりする人もいるらしいが、救荒食材のイメージから脱して久しい。「間抜け」「役立たず」を指す罵《ののし》りことばとしても使われてきたが、こちらも脱していいのでは。〈２０２２・９・26〉

153　あんぷら

稲の収量不足を補う救荒作物であれば収穫は多いに越したことはない。味のよしあしに贅沢《ぜいたく》は言えないが、昨今の芋類には不評ということがあまりない。

ジャガイモは、「じゃがたらいも」や「おらんだいも」の名で江戸時代にはすでに伝来していたが、定着したのは明治時代にアメリカから導入されて以来だという。

県内での呼称は「にどいも」「ごどいも」「ごしょいも」「あんぷら」が主なものである。「にどいも」は鹿角と男鹿を除く全県に広く分布している。「ど」は鼻音を帯びているので「斗」ではなく「度」で、「年に二度」のような収穫回数に基づいた名に違いない。「ごどいも」の「ど」は逆に鼻音を帯びていないので「五斗いも」だろう。秋田市以北に見られる。鹿角市一帯に分布する「ごしょいも」「ごしぇも」は「五升いも」。五斗と五升は基準とした植え付け面積の違いか。いずれも芋の多収穫ぶりを表している。大館市比内地区の「にしょいも」は「五升」を「二升」に割り引いたのだろう。

「あんぷら」はほぼ男鹿に限られるが、「あっぷらいも」(茨城・宮城)「あふらいも」(宮城・山形）の形もあって、オランダ語の「ａａｒｄ　ａｐｐｅｌ（アールド　アッペル＝大地のリンゴ）」に由来すると考えられる。男鹿では「あんぷら」の名を大切にし、ジャガイモを団子にした「あんぷら餅」を食している。〈２０２２・10・３〉

154
けーはぐ

「けーはぐ」「けはぐ」は県内ほぼ全域に分布していて、「お世辞」「追従《ついしょう》」の意で用いられる。漢字で「軽薄」と書く。おべっか、へつらい、おべんちゃらなど同義語はたくさんあるが、あきた弁では相手の歓心を買うため心にもないことを言うのに「みそする」「したぱらこぐ」「あねこつかう」なども用いる。このうち「けーはぐ」は中世末期から中央でも用いられた語に由来する。

娯楽番組を視聴していると、本人が後になって恥じ入るのではないかと思うような受け狙いの演者が登場する。「軽薄」だとの感が否めない。考えが浅く言動に慎重さを欠いている。国語辞書に載っているのはこの「軽薄」だ。

対して「けーはぐ」「けはぐ」は、自分の利益のために心にもないことを言って相手をいい気持ちにしようとすることで、「する」や「まげる」「こぐ」「たげる」「とる」などの動詞を伴って用いられる。「まげる」「たげる」はとりわけ好ましくない言動であることを表す。「けーはぐ」が帯びるマイナスイメージに対応している。「けーはぐこいで金でもせびるつもりだべが（お世辞をふりまいて金でもせびる魂胆だろうか）」。口達者な者にはご用心。

岩手県紫波《しわ》の「けはくまける」は「悪口を言い触らす」、沖縄県首里の「ちーふぁく」は「傲慢《ごうまん》なさま」を言う。いずれも「軽薄」の行き着く先であろう。〈2022・10・10〉

155 こばける

火鉢で暖を取る機会がなくなった。かつては「股《また》火鉢」と称して暖かさを独り占めにする大人もいた。暖房器の性能が向上し、「股あぶり」のように火の近くに身を寄せてまで暖を取ることもない。

焚火《たきび》や火鉢、ストーブに近づき過ぎると焦げ臭い匂いがする。「きるもの（着物）」が焦げたせいだ。コールテンのズボンや手編みのセーターからそんな匂いが少しでもしてくると、熱源からサッと身を退《ひ》く。天然素材なら「こばける」程度だが、化繊だと焦げるでは済まない。一瞬で溶けて火傷《やけど》を負う危険がある。

「こばける」は焦げることを意味する語だが、魚や肉などが焦げても「こばける」とは言わない。ベニヤ板などの壁材や、あぶり出しの紙の熱し過ぎなどでは「こばける」を耳にすることがある。

「あんまり寒《さび》もんだがら火さ当だって、どんぶぐこばけでも気つがねぁがった（あまりに寒いので火に近づき過ぎて、綿入れが焦げても気付かずにいた）」

「焦げる」と「焦がす」が対であるように、「こばける」（自動詞）には「こばけさしぇる」（他動詞）が対応する。秋田以外では岩手に分布するのみだ。

釜で炊いたご飯が焦げた場合は「こびる」と言う。焦げをまぜ込んだ握り飯を「こびまんま」と言って賞味するのは郷愁なのか、どうか。高性能の電気炊飯器にはわざわざ焦げをつくり出す機能もあるのだとか。

〈2022・10・17〉

156 おじゃされねぁ

「おじゃされねぁ」は「おじゃならねぁ」の形でも用いられ「手に負えない」「対処に困る」という意味を表す。仕事の量や物の数が多すぎてどうしたらよいか途方に暮れるようなときに、思わずこぼす愚痴として耳に親しい。県南部にはなじみがないようだが、由利以北では用いられる。

山本・南秋田では「おじゃこじゃならねぁ」の形もみえる。「こじゃ」は「おじゃ」に語調を合わせた無駄口で、特に意味はない。男鹿では「おじゃもこじゃもなね」の形も。「なね」は「ならない」の短縮形。「おぜえなね」(男鹿)も手に余る際に口を衝《つ》く。

男鹿の「おじゃめる」、山本地域の「おじゃす」とも物事をうまく処理するとの意に用いられるので関係がありそうだが、確かなことは分からない。事案が落ち着く意の「穏《おだ》む」と「収める」が混じり合ったのかもしれない。これとは別に「おじゃ」が「往生」または「お世話」に由来するとの説もある。確かな根拠は認められないが、分からなくても構わないと思う。

「人の上さ立《た》たには立たども、何《なん》もでぎねぁしてやめるど。おじゃされねぁがったんだびょん（人の上に立ちたくて立ったのに、何にもできなくて辞任するって。任務が手に余ったのだろう）」。よくある話だ。

「されねぁ（されない）」という言い方は「できない」のあきた弁。「この場所では横断されません」は共通語風ではあるが、全国には通用しない。〈2022・10・24〉

157

あぐだえる

「アニメキャラのコスプレ」と短縮形で表現しても、理解できないというお年寄りは今では少ないだろう。若者の物言いに理解を示す度量が高齢者には必要だということか。

古代ケルトに起源を持つハロウィーンの行事が、クリスマス同様日本独特の変容を遂げ、幼児もヤングも「ハッピーハロウィーン」と言って仮装に勤《いそ》しむ。子どもたちは家々を回り「トリック　オア　トリート」と、教えられたとおりの呪文を唱えてお菓子をせしめる。あきた弁に翻訳すれば「菓子っこけねばあぐだえるど」となるのだろうが、少

「悪たれる」

「あぐだえる」「あぐだれる」は近世語の「悪たれる」に由来し、反抗的な口を利いたり、嫌がらせを言ったり、拗《す》ねた態度をとったりすることを意味した。

「トリック」は「悪戯《いたずら》するよ」程度の軽さを感じるが、あきた弁の「あぐだえる」は「暴れる」「乱暴する」という実力行使で、眉を顰《ひそ》めさせる行為だ。欲望を満たすため、あるいは主張を通したいがために「あらげる」と同様、駄々をこねるのである。

「何も買てけねぁどてあぐだえだば物置さひゃれてへらえでしまた（何にも買ってくれないからと言って暴れたら物置に入れと言われてしまった）」。そんな思い出はないというのは、恵まれた時代の人だろう。

ハロウィーンを日本流に変質させたことには異論もあるが、ほどほどに楽しめばいい。

〈2022・10・31〉

158 はっかめぐ

力に余る仕事を自ら進んで引き受けたはいいが、所詮《しょせん》できないものはできない。傍らで見ていて手出しをしたくなるのに、本人は頑《かたく》なに自力でやり通そうとする。しくじりそうな様子を見てじっとしていられない気分を、東京人なら「ハラハラする」と表現し、あきた弁なら「はっかめぐ」または「はかはかする」と言う。

ハラハラ、はっか、はかはか、どれも座視できない気持ちで見守る様子をいう擬態語である。「めぐ（めく）」は、「春めく」などと同じように、そのような様子となることを示す動詞語尾だ。

大勢が吊《つ》り橋を渡ろうとしていて、わざと橋を揺らす不届き者が出ないといいが、と案じていたら、案の定崩落事故が起こった。インドからのテレビ報道だ。予期していても手出しできずに見守る気持ちを抱くこと、それも「はっかめぐ」と言う。

「逆転さえるんでねがどはっかめで試合見であった（逆転されるんじゃないかとハラハラして試合を見ていた）」。手を拱《こまぬ》いてドキドキするのはスポーツ観戦でもよく経験する。

諸物価高騰に対する政府の気前のよい補正予算の手当は、かなりの部分を赤字国債で賄うのだという。すでに一千兆円を優に超す借金まみれの国家財政。その将来を誰に負わすというのか。破綻《はたん》するに違いない国家経営を「はっかめいで」心配するのを杞憂《きゆう》だと笑って済ますことはできない。〈2022・11・7〉

159　かまど

「かまど」がいまも残るのは、文化財級の旧家ぐらいではないだろうか。土またはれんが、石、コンクリートなどで築き、中を空洞にして上部に穴を開け、鍋や釜を載せ、下から火を燃やして煮炊きした。

竈《かまど》を「へっつい」や「くど」と呼ぶ地域も日本各地に点在する。十六世紀半ばの『詩学大成抄』という漢詩の講義録風の書物には、身分の低い者は「へっつい」とも「くど」とも言う、とある。同じ竈でも、所属する階層によって用いることばが違っていたと考えられる。現在では「かまど」は東日本に勢力を有する語だと見られる。

あきた弁の「かまど」は多義にわたる。財産や暮らし向き、家計状況が良好なら「かまどえー（良い）」と言い、本家から独立する所帯（分家）には「かまど分ける」「かまど建てる」の言い回しをする。秋田市や南秋田、山本地域では「かまど渡す」「かまど譲る」の形で、姑《しゅうとめ》から嫁に家計の実権を引き継ぐことにも用いられる。

「かまどけぁし」という罵《ののし》りことばは放蕩《ほうとう》や道楽、浪費の末に破産するに至った者に向けられた。財政の破綻《はたん》没落を、かまどをひっくり返して使用不能に陥ることに結びつけたキツーイ表現だ。県南では「かまけぁし」の形もある。

「かまど」でナシやリンゴの芯をも言うのは、東北地方以外では稀《まれ》だ。煮炊きの「かまど」に関連づけて説明するのはなかなか難しそうである。〈2022・11・21〉

160 いける

いよいよ冬を迎えようとする頃、農作物を新鮮な状態で保存するのに精を出す。ネギやゴボウ、ニンジン、ハクサイ、キャベツなどは土を掘り返して埋める。これを「いける」「いげる」という。空き地のある家々に限られることだろうが。

冷凍加工技術の進んでいる今なら、加熱処理の後に冷凍保存すれば済むことだが、そうした手段のない時代には雪が保湿・保温の役割を果たす。厳冬の頃、雪の中から掘り出す野菜は、凍《し》みてはいても甘味を増していて、雪国ならではの生活感があるものだった。漬物とはまた違った食の知恵だと言える。

土に埋めることを「いける」というのは、生命力を断たずに「生かしておく」ことを意味する。炭火が消えきらないように火鉢の灰の中に埋《うず》めておく「いける」も同じだ。

生命の火が消えてしまった死骸を土中に埋める（＝埋葬する）のも「いける」という地域がある。知る限りでは鹿角、仙北の西木、男鹿などに点在している。生きた状態に保つのとは正反対だが、「死」を忌むあまり逆の語を選択したのだろう。花木を剪《き》って「活《い》ける」華道も同じだろう。

これらの言い換えは、博徒が「する（金銭を使い果たす意）」を嫌って「あたる」を用いた（例えばスルメ→あたりめ）のと似通う縁起担ぎの心理だと考えられる。見つかったら具合の悪い証拠品を土の中に「いける」などという不届き者はいないか。〈2022・11・28〉

161　とんぶり

『源氏物語』で、貴族の子息たちが身勝手な女性観を披瀝《ひれき》し合うのが「帚木《ははきぎ》」の巻の「雨夜の品定め」だ。帚木は音が変化して「ほうきぎ」と呼ぶようになった。名前の通り茎を乾燥させて箒《ほうき》として用いる。

食用にしたホウキギの実を「とんぶり」と呼び、畑のキャビアとして珍重する。収穫して食べられるまでには茹《ゆ》でてざるに取り、揉《も》んで外皮を取り除くという面倒な作業を経る。食べ方は、すりおろしまたは刻んだナガイモに載せ、ワサビじょうゆをかけるのが一般的。納豆に混ぜる人もいる。珍味だけに人それぞれの流儀があるようだ。

産地は大館・北秋田に限られるが、「とんぶり」の名称は全県に及ぶ。「どんぶり」と呼ぶ地域もあるらしい（未確認）。トンボのことを由利では「どんぶ」（他地域では「だんぶり」「だんぶ」も）と呼ぶことから、粒々の形状をトンボの目玉に見立てての呼び方だろうか。ただ由利は産地とは大きく隔たっているだけに、疑問が残る。

ハタハタの卵をその食感から「ぶりこ」と呼ぶのと同様、水滴を噛《か》み潰《つぶ》すかのような感覚を「とぷり」ととらえ、オノマトペ（擬声語）の「とんぷり」が成立したのだろうというのが先師北条忠雄（秋田大名誉教授、故人）の説。当否はともかく、地域独自の呼称が全国でも通用しているのは「きりたんぽ」と同じだ。

漢方では「地膚子《ぢふし》」と称し、煎じて強壮・利尿に効ありという。〈2022・12・5〉

162 てん　きる

「切る」には、辞書にもよるが十指に余る語義があり、その中に「トランプやカルタ、花札などで、同種の札がつながらないように、また、数が順序よく続かないようにまぜ合わせる」という記述（『精選版日本国語大辞典』）がある。カードゲームで「てん　きる」と当たり前のように言っているが、標準語の世界では見いだすことができない用法だ。県外でも通じるかどうか心もとない。「てん　きる」はあきた弁独特の語だと考えてよいだろう。

では「てん」とは何か。ヒントは「てんから」、すなわち「最初から」「はじめっから」「あたまから」を意味する江戸語にある。神奈川・静岡の「てんきり」、群馬の「てんぎり」もこの系統に属する方言と考えられる。「てん」はその省略形だろう。

花札やカルタ、トランプなどの札を配る際、まずは全てをシャッフルする。都合のいい札がくるように誰かが意図的に札を重ねていたとしても、これで不正は食い止められる。手妻《てづま》(手品)やインチキにだまされないよう、最初に公正を期することを「てん　きる」と言ったのだろう。「てんをきる」ではなく、「最初から」を強調する副詞(「てん」)を用い、いちいちゲーム開始前に確認するのが「てん　きる」なのだ。

莫大《ばくだい》な防衛費増の負担をどうするか。公正な議論のためには「てん　きる」ように「最初」に立ち返ることが必要と思うのだが。

〈2022・12・19〉

163　やせうま

「痩《や》せ馬」は、北東北に広く分布する「お年玉」を意味することば。以前は山形にもあったという（中山健『語源探求秋田方言辞典』）。「やしぇんま」「やしぇまっこ」などの形も広く分布する。

昔は、穴あき銭に松葉を通したものをお年玉として子どもに与えたとか。穴あき銭から松の葉が出ている形をウマに見立てたのだろう。わずかばかりの金銭＝痩せ馬とは、与える側の謙遜した命名だ。

連想に馬を結びつけたのには、古代の引き出物（プレゼント）の風習が反映しているのではないか。各種の古記録に馬を贈答したとの記事が見えるから、正月の心付けとしては名前だけでも相応《ふさわ》しい。名馬の名に値するプレゼントは賄賂のにおいがしないでもないが、「痩せ馬」ならわずかな額で誤解を生じようもない。

旧角館町では夏の小遣い銭の意だったとか、秋田市の旧市街地では子どもや使用人に対するねぎらいの「お駄賃」の意味でも用いたとの古老の言もある。ちょっとした気持ちを表すため、「松の葉」「いも」などと記してポチ袋に入れる類いの習俗なのだ。何より「痩せ」に意味がある。

近頃のお年玉の額はバブル時代の一驚を喫するような高額ではないようで、健全な金銭感覚に戻ったらしい。パーティー収入をごまかして政治資金規正法の網から逃れようとするのは、「お年玉」(痩せ馬)をもらうのとは訳が違うよね。

〈2022・12・26〉

164 ふき

「吹雪」のことを東北地方や多くの降雪地帯では「ふき」または「ふぎ」と呼ぶ。強風とともに雪が吹きつけてくることだ。もともとは風が強く吹くことを言ったのだが、地域の特性と気候を反映して雪が加わった。国語辞典には宮沢賢治の『春と修羅』の例が載っている。中央のことばとしてはさほど古くから用いられてはいなかったのだろう。大里武八郎翁の『鹿角方言考』(一九五三年刊)は「ふぶき」は「ふき」を繰り返した上で短縮形にしたものか——との考えを示しているが、文献に現れるのは「吹雪」の方が早い。

「吹雪」にまつわる語に県内では「大師講《だいしこ》ぶき」がある。旧暦十一月二十三日の大師《だいし》講《こう》(弘法大師のお祭り)の頃に強く吹きつける吹雪を言う。貧しくて食うに食えない家族が他人の畑から大根を盗み飢えをしのでいたのを、お大師様が哀れに思い大吹雪によって足跡を消してくれた伝説に基づくという（諸説あり）。

秋田市の外町《とまち》（商工業者の居住区）では強烈な吹雪を「まめのごふぶき」と呼んでいた。「まめのこ＝黄な粉《きこ》」のようにさらさらした粉雪の吹雪を指し、厳しい寒気を表す言い方だ。

忘れてならないのが「ふきどり」。吹雪の中、道を失い行き倒れになることを言った。かつての八郎潟は氷結して対岸まで歩いて渡ることもできたが、猛烈なブリザードで命を落とす危険があった。「とり（どり）」は「たおれ」の変化形かと考えられる。

〈2023・1・9〉

165 ぶー

あきた弁で短い会話と言えば「け」「く」ということになっている。「食え」「食う」は人間関係が濃密であれば成り立つが、遠慮が必要な場面では失礼になる。ある程度の敬意を払った言い方をするのは標準語も方言も同じこと。

だが幼い子どもとのやりとりでは遠慮は無用だ。疲れて歩きたくない子が「べー」と言えば、「おんぶ」を要求していることだし、それに「ぶー」と応じれば背負ってやることになる。

東日本に勢力をもつ「負《お》ぶう」は背中に物をのせる（特に子どもを背負う）の意で、「べー」「ぶー」はその短縮形だ。丁寧に発音するなら「おぶえ」「おぶう」になるのだが、疲労や面倒くささが起因して短い語形での往復になる。

子どもが甘えて「ばっぱ！」と年長者に縋《すが》ることもある。「ばっぽ」（旧山本・南秋・河辺郡）や「ばっぱ」「ばっこ」（ともに由利郡）と言う地域も。これらの語形は標準語の「おんぶ」が、「ばれる」「ばえる」（いずれも「おぶわれる」の方言形）の影響を受け「ばんぶ」に変化し、さらに「ばっぽ」「ばっぱ」「ばっぱ」へと変化を遂げたというのが方言研究家の故中山健氏の見解だ。

おんぶ紐《ひも》もねんねこ半纏《ばんてん》も見かけなくなった昨今、「べー」や「ぶー」を耳にすることもない。

現下の物価高や増税案はさしずめ国の「おんぶに抱っこ」路線ではないか。果たして国民が「ぶー」というのかな。〈2023・1・16〉

166　どんぱち

紛争解決のため武力に訴えて銃砲を撃ち合うことを「ドンパチ」と言い、世界の至る所で繰り返されている。あきた弁の「どんぱち」はこれとは別。粗忽者《そこつもの》とか、とんまの意だ。

「どん」は「鈍い」ことを人名に冠する語、「はち」は擬人名「八兵衛」の略称からきたらしい。落語では「はっつぁん」「くまさん」でお馴染《なじ》みの名だ。

場の空気を読まず、自分だけの判断で事を進める軽率な人物を指すのが「どんぱち」の秋田的な用い方だが、鹿角では「どんぺ」「とんてぎ」「とっき」がそれに当たる。慌てん坊、粗忽者、間抜け者とされる人物は独り合点で行動してしまい、思わしい結果が得られない。適切な相談者を得て慎重に動けばいいのに、そうしないから否定的な評価を招く。

「聞く力」を持っていると自称する要人も、国内の議論を経ぬまま他国との約束事を先にして既成事実化している、と非難の的となってしまった。順序を違えて平気なのも「どんぱち」だと見える。この上は「ドンパチ」を誘発することのないよう願う。

県北部や津軽では「お転婆《てんば》（娘）」も「どんぱち」と言う。こちらの「どん」は罵《のの》りの意味を込めた接頭語の「どん」に「はち（はつ）」が接した語で、粗忽者の「どんぱち」とは別語だろう。「はち」は西日本に多い「発才《はっさい》」や「はちきん」「はちかん」など、お転婆を意味する語の仲間だと考えられる。

〈2023・1・23〉

167 ずぐる

寝床で親子が同じ布団にくるまって眠るというのは、もはや過去の光景か。住宅事情や寝具の都合もあったのだろう。

親がいい気持ちで寝入っている最中《さなか》、子どもが身をよじったりもがいたりして安眠を妨げる。寝床の中でひとところにじっとしていない子のせいで、おのずと夜具に隙間ができスースーする。それで目が覚めてしまうことになる。「ずぐる」（「ぐ」は鼻濁音）は「身をもがく」「暴れる」の意。

「こらこら、ずぐるな、かじぇはてさびべ（これこれ、布団の中で体を動かすんじゃない。風が入って寒いだろう）」。スキンシップもほどほどに。

「ずぐる」のもとになった語は「ずりめぐる」だとか（中山健『語源探求秋田方言辞典』）。夜具の中で這《は》いずりまわる動きを考えると納得がゆく。夜具の外でも同様の動作に及べば、むちゃくちゃに動き回るとか、極端な場合、焦って走り回る意味にまで広がる。遊具の「ずぐり独楽《ごま》」とは心棒のない、うるさく動き回る木製の大きな独楽。ここから、落ち着きがなく、てんてこ舞いの状態を「ずぐり」と表現するに至ったとも考えられる。

「じぐねる」や「じねくる」も、グズグズして焦ったりすねたり、身もだえすることをいう語だが、東日本に広く分布する「じぐねる」に対して「じねくる」は秋田県に限られる。おそらく「く」と「ね」の位置が入れ替わったのだろう。〈2023・1・30〉

168 ごきあらう

昆虫のミズスマシのことを「ごきあらい」とか「わんこあらい」と呼ぶのは、動作が「御器《ごき》（合器《ごうき》）」を洗っているように見えるためだ。合器とは蓋《ふた》付きの塗り椀《わん》のこと。これを丁寧にくるくると洗う様子とピッタリな動きの虫は、子どもたちの格好の観察対象だったに違いない。

ミズスマシを「ごきあらい」と呼ぶのは全国各地で確認できるが、秋田で「ごき（を）洗う」のは虫ではない。「からぽねやみ隣のごき洗う（怠け者が隣の御器を洗う）」とは、家の事は何一つしない夫が他家の手伝いをすることを言う。外面《そとづら》ばかりよくて、よその仕事に手を出して「いい人」を演じることに、妻の嫉妬と非難と怨嗟《えんさ》がこもる。

やらなくていい、やらない方が心穏やかでいられるときに、余計な事をするのを「ごきあらう」と言う。由利から能代山本あたりまで、高齢者の口に上ったことばだ。だが、合器を本膳に据えて食事をするような冠婚葬祭の機会は、とんとなくなってしまった。ことばのもつ皮肉っぽいニュアンスも理解されなくなってきている。

「異次元の少子化対策」の一つとして育児休業中の「学び直し」を提唱している人がいる。子育て中の当事者からは評判がよろしくない。現実を知らない、人気獲得のための余計なお世話だ、などなど。世間の空気を読めずに的外れな親切をよそおうことも、あきた弁の「ごきあらう」に近いか。

〈2023・2・6〉

169 きむぎじょご

日常生活を感情の起伏と無縁で過ごすことなど、哲学者のカントでも不可能だったと思われる。まして凡庸な衆生《しゅじょう》においてをや。誰しも気持ちにムラがあるのは当然だ。だが極端に走るとレッテルを張られてしまう。「気分屋」「お天気屋」。

気分がその時々に大きく振れ、上機嫌だったのが突然変わってしまえば、周囲は安心して付き合えない。少々迷惑な存在を「気向き上戸」と呼んだ。この語は全県に分布している（「きむぎじょんご」「きむぎじょーご」の形も）。気が向かないと動かない、気分次第の人物もこの仲間だ。

山形県では「きげんじょーご」で「斑気《むらき》」を指し、気に入らないことがあるとテコでも動かない人物を意味するらしい。あきた弁の「きむぎじょご」も似たり寄ったりだ。扱いの難しい人物は敬遠されがちだ。いかに有能であっても仲間として気を許せないことになるが、それが「ちょーめんぱずれ（帳面外れ＝グループのメンバーから除外された存在）」となると、ほぼイジメに近い。集団の和を重んじ、異なる存在に厳しく接したり排除したりすることは、昔語りにしたいものだ。

性的少数者や同性婚に関して「隣に住んでいたら嫌だ。見るのも嫌だ」と発言して後に撤回、問題化を避けようとした首相側近がいた。件《くだん》の人物は「ほえあがり（図に乗る人）」と呼ぶのが相応《ふさわ》しい。「きむぎじょご」どころのレベルではない。

〈2023・2・20〉

170 しかまる

老化とともに顔に皺《しわ》が寄るのは避けられない。というか自然なことだ。なのになぜか化粧で若く見せようとするCMが多い。老化現象は目の敵にされているが、いずれは通る道である。

目にも耳にもしたくない言動に接したとき、目を背けるか顔を顰《しか》めてやり過ごす。あるいは鼻や頬に皺を作って嫌悪感を表す。顔を顰める意の「しかむ」が登場するのは中世の時代からで、多くの地域では「しかめる」の語形を用いる。

あきた弁の「しかまる」は顔に皺を寄せることではなく、敷布や紙、障子・襖《ふすま》などに皺が寄る場合に限って言うようだ。

「難儀して障子張ったどもしかまってしまった（苦労して障子を張ったけれど皺になってしまった）」。何ごとも細心の注意と熟練の腕を要するのだ。

「皺が寄る」ことを、鹿角や北秋田では「しかむ」と言い、山本以南では「しかまる」という言い方をする。「縮む」と「縮まる」に準じて「しかむ」と「しかまる」の関係も成立したのだろう。

旧南秋田郡内では寒さなどのためすくんで小さくなる（＝縮こまる）意にも転用されることがある。なるほど、顔を顰めると皺を寄せた分だけ面積が縮小した感じになる。不快を感じる心理を、寒気に縮こまる生理現象に転用したと考えれば納得がゆく。

諸式《しょしき》高騰に対抗手段を持たない年金生活者は、身を縮めて暮らすしか術《すべ》がないのか。〈2023・2・27〉

171 おごれぁ

あきた弁には人を褒めることばがきわめて少ない。けなしたり叱ったりすることばには事欠かないのにどうしたものか。県民性を問うわけではないが、「叱って育てるあきた弁」とでも考えないと道理に合わない。そのようであって欲しくない人物や振る舞いを反面教師としているのだろう。

「おごれぁ」または「おぐれぁ」は珍しく人を褒めている。「重々しくて威厳がある」「気品があって立派だ」「風格がある」などの場面で用いられ、ほぼ全県下に分布する。青森県津軽地方でも「おごらい」の形で見られ、「重《おも》らい」に由来すると理解されているようだ。だが、「驕《おご》る」や「厳か」と関連するのではないかとの考えも捨てきれない。他を威圧するような態度（驕り）を、威厳があると受け止める人もいるのである。

「ことばも立派でおぐれぁ人だ（ことばづかいも立派で気品がある人だ）」。なるほど、ひとは見た目が九割らしいから。

尊貴の人物の振る舞いを教訓として残した「家訓」が、平安貴族や戦国武将などに数多く残されている。そこに示されている一条に「声は小さく明瞭に」というのがある。大声で居丈高に話すのとは対極にある態度だ。丁寧な説明をすると言いながら、同じことを繰り返して詳細を語らない政治家にも学んでほしいものだ。側近が用意した空疎なことばを並べるだけでは「おごれぁ」と評するには値しない。〈2023・3・6〉

172
なんこ

食肉の好みは地域によって異なる。一般に北海道は羊、東日本は豚、西日本は牛、九州は鶏、沖縄は山羊《やぎ》に需要があるとされ、長野や熊本は馬肉の名産地として知られる。馬肉は牛肉より廉価な食肉として大正期の半ば以降、広く受け入れられたらしい。

「なんこ」は県内での馬肉の呼び方だ。ただし男鹿南秋ではことばとして聞いたことはあるが、使ったことはないという人も多い。この呼び名は洒落《しゃれ》からきているようだ。十二支（子《ね》、丑《うし》、寅《とら》……）で南の方角に当たるのが午《うま》。ここから「南向《なんこう》」が馬肉を指すようになった。洒落といえば、元は粟《あわ》を材料にした伝統菓子「なると餅」が粟↓阿波《あわ》↓鳴門《なると》の連想から命名された例がある。

農耕や運搬の労役に貢献していたのに、働けなくなったら食肉にされる運命が待っている。馬は己の行く先に感づき動こうとしないので「難行《なんこう》」なのだとの説もあるが、どうだろう。

県内では「なんこ」を食肉にされる馬に例えて、役立たずの意味にも用いる。「なんもさねでぶらからって、おめぁだばなんこんまだな（何にもしないでぶらぶらしていて、お前は役立たずだな）」

県北部では「なんこ鍋」を供する料理屋がある。鉱山労働者をはじめ、肉体を酷使する男たちに好まれてきたのだとか。福島や新潟でも「なんこ」が馬肉を意味するが、役立たずの者にも向けられるかどうかはわからない。

〈2023・3・20〉

173 でん

「でん」は「伝」の字を当てるらしい。秘伝、奥義、秘法、奥の手をいうことばで、鹿角・山本・秋田市・平鹿に分布する。「でんこ」の形も含めるともっと広い分布が認められる。南秋でも手段、方法、技の意味で使用されている。由利では「でんじゅー」や「てんじょ」の形で、他人には内緒にしておきたい能率の上がる方法の意で用いられている。「伝受」、すなわち伝え受けて得た秘技のことをいうのだろう。

伝受した術の使い道は限られている。鹿角では「またいつものでんか（また例の手段か）」のように悪だくみの相談とか、「いいでんがあるぞ（いい方策があるぞ）」のようにグッドアイデアがひらめいた場面に用いられるぐらいだ。

山本・南秋の用法としては「でんこかげる」が最も一般的で、相撲で相手を転がしたときに言う。「でんこかげでころばしてやった（足技をかけて転がしてやった）」。いくぶん自慢の気味なきにしもあらず。

『日本方言大辞典』によれば青森（旧三戸郡）にも同様の「でんこ」がある。ただし、勝負事の際に人をごまかすような手段を用いること、という語釈は、技を用いて勝利する意欲をマイナス評価している。「おふざけ」や冗談を意味する「てんごう（転合、転業）」と、どこかでつながってしまったのではないか。

ところで、国会の議論で相手を煙に巻くには、どんな「でん」が有効なのだろう。

〈2023・3・27〉

174 えぎがらげする

標準語にすると「行きからかう」で、「行き渋る（＝外出をためらう）」の意。県南から県北まで比較的広く分布する。ただし秋田市や横手市の周辺、男鹿南秋、山本では使用者がいないようだ。同じ意味の「でがらげする」は南秋・由利・鹿角に分布が認められる。便秘で出るものが出ないで苦しむ場合にも用いたりする含蓄のある表現だ。

「行く」「出る」を「からかう」とは？　違和感があるかもしれないが、「からかう」の古い意味は「押したり返したりどちらとも決しない状態で争う」だった。古川柳の「でがらかふ程の女房もちもせで」は、妻を家に残して外出するのを心配しているようだが、それほどのタマじゃないのに、と皮肉っている。近世江戸語としてはふつうに用いられていた語とみえる。

「からかう」の意味として「心の中で相反する思いがせめぎ合うこと」は近世まで勢力を持ち、「揶揄《やゆ》する」と均衡を保っていた。だがいまでは「～がらかい（がらげ）」と用いて、行動を渋る気持を表す接尾語として東北地方で命脈を保つ程度だ。

「雨ふってきたけぁ、えぎがらげして、よっぽどえぎてぐねんだべな（雨が降ってきたら、行き渋って、よほど気が進まないのだろうな）」

行政に斬新な提案をしても費用対効果だの前例がどうだのと、すんなり聞き届けられないのは、労を惜しんで「やりがらげ」しているからかな。

〈2023・4・3〉

175　しかだねぁ

相手に対して謝罪したり感謝するのに、どのように振る舞えばいいか適切な手だてがないことを表す。「ごめんなさい」にも「ありがとう」にも用いられる。「済まない」の意味では長崎県で、「気の毒だ」では岩手県で、「悲しい」の意では宮城県でも使用される。秋田県内では全てをカバーして多義的に用いられる。

「あの人きんにゃ病院でなぐなたど。なんとしかだねぁな（あの人昨日病院で亡くなったって。なんと悲しいこと）」と満腔《まんこう》の同情を示すこともあれば、「人がら金借りでけぁせねぁど。しかだねぁ人だ（他人から借金しても返せないんだって。まったくの貧乏人だ）」と、生活する手段・方法を持たず貧乏な境遇にある人物を少々蔑《さげす》むような感じでも用いる。

年金受給年齢が引き上げられ、老人を支える人口も減少しつつあるから、いずれ高齢者の多くは「しかだねぁ人」となる。では当人は半ば諦めつつ「しかだねぁ（どうしようもない）」と割り切って日々を過ごせるものだろうか。

高齢社会を迎えるのが分かりきっていたのに、制度設計を誤った有識者たちは己の不明を恥じて、「あの時の判断は間違っていた、ごめんなさい」と言えるかな。あきた弁で「しかだねぁな」「アエしか（だねぁ）」と謝ったとしても、不遜な開き直りとも受け取られ

かねない。暮らしに困窮している「しかだねぁ人」に首を絞められないよう、ご用心あれ。〈2023・4・10〉

176 にかにか

標準語なら「にこにこ」に相当する。何かいいことに出合って思わず笑みがこぼれた状態をいう。相手が思うツボにはまってニヤニヤしたいときにもこの語が使われる。「にかにかで」「にかにかどする」など、状態を形容詞などにして用いるのだが、少々おもねる（迎合する）場面や自慢したいときにも使われるので、標準語と全面的に合致するわけではない。

山形で「にがにが」「にこかこ」「にこかぎ」、青森で「にくかく」「にぐにぐ」、岩手で「にこかこ」など類似の語形が存在する。どれも擬態語起源だ。秋田の「にかにか」にいちばん近いのは長野の「にかりにかり」だろう。擬態語での方言の発想は似たり寄ったりなのかもしれない。

「なにえーごどあったんだが、にかにかてしまりねぁ（どんないいことがあったのか、ニコニコして締まりがないなあ）」

笑いの表情には陽気な感情のあらわれもあれば、諂《へつら》いを帯びたものもある。作り笑いに偽善めいたものを感じてのことだろうか、由利地方では朝の強い日差しとひとがにこやかにしているのは油断できない――と戒めているとのこと。

何兆円もの防衛予算を支出する論議がまとまりそうだと、議員が「にかにか」して話しているのをテレビ画面で目にすると、結論への賛否以前に、これで国の将来を委ねていいのかと不安になる。「にかにか」には反発を招く一面もあるのだなあ。

〈2023・4・24〉

177 からつら

土産も持たず空手で他家を訪問すること。「空面《からつら》」と書き、礼を失するとの意味も含んでいた。秋田県内では祝賀、弔問、病気見舞いには何かしら手土産を持参した。それが良識ある大人の振る舞いだった。美風と言うべきか。このごろはドライになってそんな気遣いは無用らしい。美風は遺風となり、虚礼と受け取られるようになったのだろう。政府要人が外国を訪問すると、莫大《ばくだい》な経済支援を約束して帰国するのがお決まりのようになっている。自分のポケットマネーではなく、国庫からの支出で、国民は後になってその事実を知らされる。よほど「からつら」で訪れるのが嫌いと見える。

とりあえず顔だけでも出しておく、というニュアンスの語が「つらだし」で、弔問などで耳にする。この場合、金銭や物品の贈与があるかないかまでは問われない。「義理」を優先するということだろう。

「つらだし」は近世から文献に使用例が認められるが、「からつら」の方は秋田県外では宮城・山形に分布が限られ、「からつき」の語形で岩手県気仙地方に見られる程度である。

「からつらだばえがえねぁてがに、何がみやげこ持てえぐ（からつらでは行くことができないから何かしら土産持参で行こう）」

政府要人の「美風」からすれば、外交上の規範に反する「からつら」ということばは、もっと広がりを持っていてもおかしくないはずだが。

〈2023・5・1〉

178　ぎばさ

「ぎばさ」は「あかもく（赤藻屑）」とも呼ばれる海藻の名だ。一般にはホンダワラである。姿が稲穂に似ていて、俵に詰めて畑作の肥料などに利用したことから「穂俵《ほだわら》」と呼ばれ、それが音変化した。家畜の飼料や布団綿の代用、厠《かわや》での尻拭きなど、庶民生活に深く浸透していたらしい。

このホンダワラ、正倉院の古文書や『万葉集』に「なのりそ」の名で登場する。『日本書紀』（允恭紀《いんぎょうき》）に、恋愛関係にある間柄を人に知られぬよう「勿告《なの》りそ（言うなよ）」と口止めしたことが、浜藻《はまも》（ホンダワラ）の呼び名になった由来が明かされている。

さらにそれが変じて「勿乗りそ（乗るなよ）」となり、浜藻は人ではなく神が乗るための馬（神馬《じんめ》）の意を負うことになる。十世紀の百科全書『和名抄《わみょうしょう》』（源順《みなもとのしたごう》著）以降、「神馬藻」の漢字表記が定着する。ところが和語は「なのりそ」のままだった。

それが室町時代の古辞書類には「じんばそう（じんばさう）」の音読みが浸透し始め、日本海沿岸に広がった。いまは「じんばさ」（島根）、「ぎんばそー」「ぎばそ」「ぎんばさ」（山形）、「ぎんばそ」（新潟）として分布する。秋田と新潟県佐渡の「ぎばさ」もこの系統に属する。

「湯こかげで刻んでままさのへで食ばこでらえねぁな（熱湯をかけて刻んでご飯にのせて食《け》べると美味で堪《たま》らないなあ）」。ソウルフードのひとつと言っていいだろう。〈2023・5・8〉

179 むせぁ

「むせぁ」「むしゃ」「むせー」「むしぇ」は「むさい」から音変化したものだが、二つの異なる語に由来し、使う場面によって意味が異なる。

その一。漢語の「無際」からきたもので、木炭や線香などが持ちがよくて長く使えるといった、際限なく持続することを意味する。食べ物がなかなか減らない場合にも用いる。

「この線香、むせぁしてしばらぐ目離してもだいじょぶだ（この線香は長持ちなので、しばらく目を離していても安全だ）」

抱えた仕事が片付かず難渋する場合、「はかどらない」（青森県）のような意味も派生する。

その二、「むさくるしい」と同じく、汚らしい、不潔だ、を意味する。中世から文献に見え、「むさくるしい」よりも古いことばだ。見た目の印象だけでなく、人物評価にまで及ぶことがある。

「となりのじさま、ごみの中で暮らしてで、むせぁしてなもかもねぁ（隣の家の爺（じい）さま、ゴミの中で暮らしていて不潔でどうにもならない）」

このようにプラスマイナス両面を備えているが、ごっちゃにして用いることもある。角館地方では、持ちがよくてなかなか次なる物に更新しないと、周囲から「ケチだ」と見なされる。

「出すもの出さねで知らねぁふりしてむせぁ奴《やづ》だ（出すべき費用も出さずに知らんぷりするとは汚い奴だ）」。気を付けよう。

〈2023・5・22〉

180　きゃんこにする

「きゃんこ」「けぁんこ」といえば「貝」に親しみを込めた接尾語「こ」の付いたことばを思い浮かべる。だが南秋田地域では「こてんぱん」の意味で用いる。由利本荘地域でも「けんこにする」の言い方が認められるから、分布はかなり広かったと思われるが、採録している方言集は稀《まれ》だ。

ゲーム（試合）などで相手を完膚なきまでにやっつけたり、「すってんてん」にすることを「きゃんこにする」「けんこにする」という。野球の試合で、なすすべもなく大差で敗れた場合などには「きゃんこにされた」という。

この「きゃんこ」「けぁんこ（けんこ）」が何に由来するかは不明で、ほとんど手がかりがない。

「あのわらし、生意気だはんでけんこにしてしまお（あの子、生意気だから徹底的にやっつけてしまおうぜ）」。いじめっ子が幅を利かす時代の表現だ。

勝負事で相手をすってんてんにし、うぬぼれの鼻をへし折ったりすることは、さほど害があるとは思えない。むしろ「きゃんこ」にされた側が捲土重来《けんどちょうらい》を期して実力を蓄える機会になれば、それはそれで意味があるだろう。

「きゃんこにする」とか「される」とかは、あくまでもゲームに限って言うことだ。テロリストとか侵略者、あるいは過激派が敵対するセクト（党派）を殲滅《せんめつ》しようとする場面では「きゃんこにしぇ（しろ）」という表現はそぐわない。〈2023・5・29〉

181 やがぐる

揉《も》め事なしに毎日を過ごすのは至難のことだ。他人の暮らしぶりを羨《うらや》んだりせず、自分の境涯を嘆かないでいられる人は、めったにいない。生まれてこのかた「やきもち」を焼かずに成人した人は稀《まれ》だろう。

所有欲を抑えるのはなかなか難しい。他人が自分より豪奢《ごうしゃ》な家を持ち、金銭的に恵まれ、健康に恵まれた美しい伴侶と何不自由なく暮らしていると聞かされたら、羨ましい、肖《あやか》りたいとの思いに駆られるのが当然だ。極端な場合、強い嫉妬心でその位置から引きずりおろしたいなどと思うかもしれない（最近のメディアの狂騒にはその気味が感じられる）。

「やがぐる」（山本地域ほか／青森・岩手）、「やがごむ」（由利地域ほか／山形）、「やがねる」（鹿角地域ほか／青森・岩手）の語は、いずれも他人を妬《ねた》む、そねむの意。他人にいいことがあるとその人を羨み、憎むことだ。江戸期に主として関東で用いられた「やっかむ」と縁のある語だと考えられる。語義の中心は「妬《や》く」にある。

幼児がおもちゃを取り合って争うのも「やがぐる」と言う。相手が遊びの邪魔だということだろう。

「このわらし、なんでもやがぐって取って困る（この子、何でも争って奪うので困る）」

南秋地域などでは、大人でも壁を作って邪魔者扱いすることを「やがぐる」と言う。「やが」（厄介＝邪魔）の語も絡んでいると見るが、どうか。

〈2023・6・5〉

182
ねこばる

国の抱えている借金は千二百兆円以上。いろいろな施策を約束しているけれど、将来大丈夫かなと不安がよぎる。いよいよという時に持っている力を発揮できるかどうかで、その国（人）の真価がわかるとか。要は簡単に諦めてはダメだ、生き抜く上での要諦は粘り強くしがみついて頑張ることだ、という。

何本もの木が根を張っている巨岩が、わが五城目町の清流沿いにある。「ネコバリ岩」と命名されて名所となっている。「根っこ張る」様子から連想して名付けられたのだろう。「ねこばる」の本来の意味は「いきむ」「力《りき》む」だ。下腹に力を入れて踏ん張ることだから、この名付けは当たらずといえども遠からず、生き抜く上での粘り強さは捉えられている。その粘っこさが「片意地を張る」「だだをこねる」と受け取られることもある。

県内で「ねこばる」「ねっこばる」が分布するのは山本以南で、県外では山形県に限られる。同じ意味の「ぎしゃばる」は北秋田以南、宮城・山形・新潟に分布する。両語とも鹿角地域には分布が見られない。

「(便器に座って) 出にげど思たらウウンてねこばればなんとがなるや (出にくいときはウウンと息張《いきば》れば何とかなるもんだ)」

粘り強く、諦めずに頑張れ、とは生理作用の改善には有用な助言だろうが、借財がかさんでにっちもさっちも行かなくなってからでは通用しないだろう。〈2023・6・19〉

183　ままなく

極度の緊張によってことばが滑らかに出ないことがある。「どもる (吃音《きつおん》)」のだ。人によってはそのことで引っ込み思案になってコミュニケーションがうまくとれない場合もある。

時の経過とともに軽快し不自由を感じなくなるようだが、幼少期にことばがスムーズに出ないと、からかいの種とされたりしてコンプレックスを抱えることにもなる。まねをすると伝染すると戒められもした。いまの時代、イジメや差別のもとにならないように繊細な心配りが必要だろう。

「ままなく」は仙北・平鹿・雄勝・由利に動詞「どもる」の意で分布する。平安時代から「吃」に「ことどもり」「ままなき」の読みを当てた例があり、ずいぶん早くから用いられていたのだ。同意の語としては「こっこめぐ」(南秋以南の沿岸部)「こっこつかう」「ごっこつかる」(鹿角・北秋)「こっこふっかげる」(山本・男鹿)など、県内では「こっこ」系の語も広く分布する。

「まま」は「まま、まま」と発声に詰まって難渋するさまを言い表したオノマトペ(擬音語)なのだろう。同様に「こっこ」「ごっこ」も、ことばの途中で閊《つか》えて進まないさまを表したものに違いない。

「ままなくまねしぇばおめぁもままなくんだや(吃音のまねをするとお前もどもるんだぞ)」

訛《なま》ったり、どもったりして聞き取れない、とされた秋田人の経験は遠い過去のものか。

〈2023・7・3〉

184　てぼけ

針の穴に糸を通すことは幼子と老人にとって難儀な仕事だ。視力と技術が問われる。ため息交じりに「このてぼけ！」と言ったり言われたりしたことはないだろうか。裁縫、手芸、工作など器用にこなしてこそ一丁前か。手先が不器用だと人に叱咤《しった》されるか、己のぶざまさに舌打ちするしかない。

「てぼけ」とは不器用で手の働きがおぼつかないさまを言う。県内全域で用いられており、「手惚《ぼ》け」の意で理解されていることと思う。この場合の「惚け」は手技が思い通りに働かないことを指している。

ところが、「不器用」を表す語を東北各地で収集すると、「てぼこ」「てぼかい」「てぼき」「てんぼ」などがたちどころに得られる。「てぼこ」とは綿の入った防寒用のミトン（親指のみ分かれた手袋）のことで、これをはめたまま作業をしていては手が思い通りに働いてくれない。いずれの語も苛立《いらだ》ちという感情で共通する。その気分を「手惚け」と解釈するようになったらしい。もちろん、障碍《しょうがい》者差別の語として使う人はいないだろう。

「あえだばなしてそんたにてぼけなんだべが（あいつは何でそんなに不器用なんだろうか）」。才不才は人それぞれとしか言いようがない。

勇ましく防衛費増額を主導する御仁《ごじん》が、反対する人を「平和ぼけ」と非難する場面がある。こちらは「てぼけ」と違い、異なる考えに対する決めつけの嫌味を感じる。

〈2023・7・17〉

185
どどめぎ

「どどめぎ（どんどめぎ）」とは川が半ば塞《ふさ》がれて、流れが激しくなった箇所を言う。「どど」「どんど」は激しい水音を表した擬音、「めぎ」は「きらめき」や「ざわめき」の「めき」と同様、語尾に付けて名詞をつくる語である。岩手、山形、新潟県佐渡に同形が分布する。「とどめき」「とどのき」の形では青森県にも見られる。水音の響きをとらえた点で共通する。

「去年のえまごろ、どどめぎがら水あふえでえったげ目にあった（去年の今頃ドドメギから川の水があふれて大変な目に遭った）」

川音に耳を澄まし、災害に備える心構えを地名に反映させたのは、古人《いにしえびと》の知恵だろう。「百目鬼」「百目木」「道目木」など、一般に「どうめき」と読む地名は、いずれも「どどめぎ」のある所だと考えられる。「百」は「十十」、すなわち「とど」の洒落《しゃれ》を含んだ当て字だから、せき止められた水が激しく音を立てて流れ下るさまを表したのだと理解してよい。

「やち」という地名も、昔の人は家屋建築にふさわしくない所だと戒めたものだろう。だが人が増えて土地不足となり、背に腹は替えられないとばかりに宅地造成が進んだ。「やち」は関東地方で低湿地を意味する「やつ、やと（谷）」と関連するらしい。

科学技術の力を盲信すると思わぬ所で自然の威力に屈服させられる。災害に遭遇するたびに、古人の教訓に無自覚だった己を反省している。〈2023・7・24〉

186 はぐらん

真夏の強い日差しの中、帽子も被《かぶ》らずに遊んでいると、「はぐらんになるど」と麦わら帽子を渡されたものだった。「はぐらん」は日射病を意味すると理解してきた。このごろは「熱中症」の方が通りがいいが、日射病と熱中症では少し違いがあるようだ。野外で罹患《りかん》するのが日射病、屋内でも十分な水分を摂取せず体温の上昇に気づかないで陥るのが「熱中症」だという。

「はぐらん（はくらん）」はもと「霍乱《かくらん》（＝くゎくらん）」という名の病気で、漢字表記の「霍乱」は、奈良時代の古文書に早くも見えている。平安時代の百科全書『和名抄』に「尻より口より放《こ》く病」とあり、下痢や嘔吐《おうと》を伴い、消化不良、腸カタル、コレラなどが疑われる症状が現れる。「鬼の霍乱」（「鬼」のように頑健な人が病気になることのたとえ）で知られ、霍乱では辛《つら》く苦しい思いを経験したものらしい。

「はぐらん（はくらん）」は語頭音がカ行からハ行に変化した語だ。発音が似通っていることと、「吐く」の連想とで、この語形が広く受け入れられた。分布も東北地方に限らず西日本各地にまで広がりを持つので、あきた弁特有の語だとまでは言えないが、夏の炎熱地獄の中ではつい口を衝《つ》いて出ることばだ。

「しゃっぷぐれぁかぶらねばこのぬぐみだもの、はぐらんなるにきまっているべ（帽子ぐらい被らないとこの暑さだもの、日射病になるのが当然だろう）」〈2023・7・31〉

187 よさぐまめ

季節に応じた旬のものを口にしていると健康によいと言われる。食生活が豊かになったとはいえ、やはり旬の野菜にはコクを感じる。トマトなどまさにそうだ。

だが季節をあまり問わない作物もある。豆のモヤシがそうだし、エンドウ（豌豆）などはその代表例か。いつでも店頭で見かけるのは年に何度も収穫できるからこそ。耐寒性とか栽培のしやすさとかの条件にかなっているのだろう。

エンドウは鹿角では「しがわり」と呼ばれる。秋まきの種が春に薄氷を割って芽を出すことから名付けられた。「にどまめ」の呼称は北秋田・由利・潟上に分布する。春夏あるいは夏秋の二度の収穫に基づくものらしい。「よさぐまめ」は山本・男鹿南秋・秋田市・由利・仙北・平鹿・雄勝の広い地域で用いられ、年に四作できるからだとの説がある。だが他県にはない呼称なので真偽のほどは分からない。県南の山間部には「ささぎ・ささげ」と呼ぶ地域もあるが、別の豆と紛れた可能性がある。「ささげ」の名で「いんげんまめ（隠元豆）」を指す他県の例もあるから、作物伝来の背後に複雑な事情でもあるのかもしれない。

「よさぐまめのなめぁ、手間いらずだがら、からぽねやみの与作《よさぐ》でもできるがらだど思てあったども、違うなだが（よさぐまめという名前、手間がかからないから怠け者の与作でも栽培できるからだと思っていたけれど、人名由来とは違うのか）」

〈2023・8・7〉

188　ごもんか

氷室《ひむろ》で保存していた氷を夏に取り出して削り、アマヅラ（植物を煮出した甘味料）をかけて食したのは清少納言の時代。わずかな甘味で人は満足したのだろう。

もっと古く、万葉歌人の山上憶良が「瓜食《うりは》めば子ども思ほゆ」と詠んだころの瓜は硬くて甘味が乏しかったのではなかろうか。蔕《へた》が蔓《つる》から離れると熟したサイン。「ほぞち（臍落《ほぞお》ち）」と呼ばれ、賞味するに値する。硬いうちは味噌《みそ》漬けなどに供されるだけだ。

美濃国真桑《まくわ》村（現岐阜県本巣市）産の瓜が良品の評判が高くて「まくわうり」の称があるという。鹿角地方を除く県内では「ごもんか」「ごまんこうり」と呼んでプリンスメロンの登場までは人気の瓜だった。

「御紋窠《ごもんか》」の名は、切り口（窠）が家紋に似ていると考えたからだろう。古老に言わせると「ごもんくゎうり」。「くゎ」は「窠」の古い発音を伝えている。品種改良と栽培技術の向上もあって、プリンスメロンからアムスやアンデス、高見メロンなどに嗜好《しこう》がめまぐるしく移り、今ではめったにお目にかかれない。

「ごもんかうり買うどきよぐよぐ匂いかんで選ばねばスカひぐごどなるや（マクワウリを買うときにはよくよく匂いを嗅いで選ばないと、とんだハズレを引くことになるよ）」

選挙なども同じこと。見てくれに惹《ひ》かれていては、ろくでもない人物を担ぎ上げることになる。よくよく政見と実行力を見極めないと。

〈2023・8・21〉

189 さんびゃぐ

弁が立つ人の仕事の代表は弁護士だろう。弁護士のように、本人に代わって弁論する人を古くは代言人《だいげんにん》と称した。法曹資格を持たないで類似の仕事に就くことは許されないが、それでも無資格者に頼る困窮者がいる。無資格で代言人らしく振る舞う人物は「三百代言」と呼ばれた。

明治大正にかけて、結構な数の三百代言が生計を立てていたことは郷土史の資料などで明らかだが、当時からあまり尊敬はされていなかったらしい。県内では「さんびゃぐ」と略称され「ペテン師」に近い扱いだった。他人の弱みにつけ込んで相談に乗っては報酬を稼ぐ。恩を売るようにして利を得る。口達者なだけではなかったのだろう。同様な人物を秋田市土崎では「はっぴゃぐ」と称している。「嘘《うそ》八百」を並べ立てる人物と見ていたのだろう。親切を装って金銭を貸した挙げ句、抵当物件をわが物とすることもあったことと想像される。高利貸しと何ら変わるところがない。事実、山形県では「さんびゃく」は高利貸しのことを意味する。

「反対あるうじだば何もさねぁて言てだに約束違うねが。こえだばさんびゃぐど変わらねぁな（反対の声があるうちはどんな処分もしないと言っていたのに約束が違うじゃないか。これじゃあペテン師と変わらないなあ）」

「丁寧に説明する」の意味が変わってしまったのはいつからだろう。拙者の無知を恥じる。〈2023・8・28〉

190 かますでぁぐ

名人は道具を選ばないともいうが、いい仕事をするにはいい道具を持つに越したことはない。日々の修練の中で道具を磨き上げて己の腕を向上させるのだ。当然、道具は大事に扱われる。まともな腕でもないのに心得違いをして、道具をぞんざいに扱うと世間から辛口の評価に晒《さら》される。

技量未熟な大工を県内では「かます（叺）でぁぐ」と呼ぶ。叺《かます》とは藁莚《わらむしろ》を二つ折りにして左右両端を綴《と》じただけの粗末な袋だ。一人前の大工は鑿《のみ》、鋸《のこ》、鉋《かんな》などを整然と収納した道具箱を持ち歩く。いい加減な職人だと収納も雑で、かますに放り込み平然としている。仕事の出来は一目瞭然。依頼する前に道具を見るだけでおおよその見当はつくというものだ。この事前チェックを怠ると依頼人は後悔することになる。

「はごでぁぐ（箱大工）」（鷹巣）、「みんじゃでぁぐ（水屋大工）」（北秋・南秋・由利・平鹿・雄勝）は、箱づくりや台所の修繕ぐらいしか任せられない腕の大工。「がっきでぁぐ」の「がっき」は階段状の凸凹のことで、仕上げが粗雑な職人に向けられた厳しい評価だろう。

「あたふたして何もでぎねぁで給料ばしもらてるんだば、かますでぁぐど変わらねな（右往左往して何にもできないで給料だけもらっているんなら、かます大工とかわりがないなあ）」

「かますでぁぐ」の称は鹿角地域を除く全県に分布する。鹿角では何というのだろう。

〈2023・9・4〉

191 つらくしぇする

喜怒哀楽を表情に出さないのが日本人だと訪日外国人たちの観察記録に載っている。顔で笑って心で泣いて、ノーサイドとなれば爽やかに握手を交わす。では、戦いに敗れたらあたりを憚《はばか》らず泣き崩れるのは伝統に反することかというと、そうとも言い切れない。反証となる例は山ほどあるのだ。

ただし、己の真情を真正直に態度で示すのがベストだとは限らない。この処遇には納得できない、などと仏頂面をすると評判がよろしくない。当人は「つらくしぇ（面癖《つらくせ》）する」人物として非難される。「癖」とは無意識に出てしまう性向である。

「つらくしぇする」は不満や怒りなどを表情に出すことを言い、鹿角を除く県内全域で用いられる。ほかに「つらつぎする」（鹿角・山本・由利・雄勝）、「つらこしゃる（拵《こしら》える）」（湯沢）、「かおくせする」（雄勝）などの言い方がある。渋面《しぶつら》を指す「ぶすけず（づ）ら」（鹿角）、「ぶすず（づ）ら」（東日本一般）も用いられる。

「今回の人事で重用《ちょうよう》さえるな確実だてしゅわえであったども、はじえだがら、おもしぇぐねがったべな。つらくしぇしてあだらえねがった（この度の人事異動で確実に重用されると言われていたけれど、期待外れで不満だったらしいな。仏頂面をしていて腫れ物扱いだった）」さりげなくやり過ごすのが波風を立てずに済む。こんなことがオトナの社会には多いのだ。

〈2023・9・18〉

192 ふむ

ふむ（踏む）は足で押さえつけたり、足の力を下方に伝える意味で用いられる。「踏んづける」や「踏み俵」「足踏み健康法」「足踏みミシン」など。ところが、あきた弁では標準語には見られない「蹴る」の意味で用いられることがある。

例えばサッカーの声援でボールを「ふめ！」と言ったら、ボールを足で押さえ込むのではなくキックしろということだ。「馬にがてふまえだ」というのは馬に足を踏まれたのではなく、馬に蹴られたことを言うのだが、誤解を生みそうな言い方だ。県外からの移住者がカルチャーショックを受ける語の一つである。県下全域に分布するが、ひところに比べ、この語の使用は勢力を失い、方言の衰退、標準語化の進行の目印になっているようである。

県南の横手・湯沢地域では複合語で「ふまげる（蹴飛ばす）」の語も用いられる。「踏み上げる」の音変化したものだ。乱暴な物言いで、けんかの際などに耳にする。「からくじきでなまいぎだな。ふまげでやるが（口答えして生意気な奴《やつ》だな。蹴飛ばしてやろうか）」

上品なことばづかいとは言えないが、感情の発露としては適切な場合がある。怒りを表明する際にはもってこいかもしれない。

蹴ることを「ふむ」という地域は、山形県内にもあるらしい（『日本方言大辞典』など）が、「踏んだり蹴ったり」という成語は、こんな地域では生まれないのかも。

〈2023・9・25〉

193　ごさらし

「積善《せきぜん》の家に余慶《よけい》あり、積悪《せきあく》の家に余殃《よおう》あり」は中国の古典『易経《えききょう》』の教えである。祖先の善行のお陰で子孫に吉事が及び、反対に悪事を重ねると災いが後々まで影響を及ぼすという戒めだ。その結果、悪業は現世で報いを受けて醜態をさらすことになる。「ごさらし」「ごーさらし」（業晒《ごうさら》し）は、そんな思いから発したことばなのだろう。もとは因果応報の素朴な考えに基づいたものだったのが、次第に意味が変化した。「ごーさらし」（新潟、富山、岐阜）「ごーざらし」（山形、愛媛）は与太者《よたもの》や厄介者の意で、「ごーじゃらし」（岩手）「ござらし」（青森）は恥をかく意で用いられる。

対して、県内全域で分布するのは、衆人環視の中で己または自家の醜態をさらけ出すこと、恥さらしの意で用いられる。もはや前世がどうであったかなど無関係に、その人の行為のみっともなさを罵《ののし》っている。「恥さらし」「ろくでなし」というに等しい。

「やじがねぁてとめでもきがねぁがったがらあのじゃまこだ。ほんとにごさらしだな（ダメだと止めたのに言うこと聞き入れなかったので、あの為体《ていたらく》だ。本当に恥さらしな奴だな）」

他人の忠告を無視してかかると、往々にして思惑が外れて惨めな結果に終わるもの。待っているのは世間の嘲笑だ。世襲のエライ人が不祥事で退陣を余儀なくされるのも、「積善余慶」の自覚が足りないせいなのかも。

〈2023・10・2〉

194 あでめる

物事を自力で達成できそうもないときには他人の助けが必要になる。何とかしてくれるだろうと期待するのが人情というものだ。

「あでめる」は「当てにする」とか「期待する」の意で、「当て目」を動詞化した語。県下全域に分布するが、あきた弁以外には例を見ない。

「あでめる」のもとになった語「当て目」は、きっと出てくれるだろうと当てにした賽《さい》の目（さいころの目）のこと。ギャンブルの通例からいって、外れることが多いのだが。

「おめぁ手伝ってけるんでねぁがどあでめであったども、来てけねぁがったな（あんたが手伝ってくれるんじゃないかと期待していたけれど、来てくれなかったなあ）」。淡い期待と当て外れ。この場面では己を反省する気持ちが滲《にじ》み出ている。

当てにする気持ちがより強いと、相手の都合などお構いなし。己の期待に応えてくれることを前提に、予定や計算に入れてしまう。これも「あでめる」だ。

「何十億かがってもなんとがかんとが金出してけるべどあでめでだ（何十億円かかろうとも何とかして金を出してくれるだろうと計算に入れていた）」

為政者と支持者との関係のなかにも、これに類したことがないとは言い切れない。捕らぬタヌキの皮算用こそ「あでめる」の最たるもの。持ちつ持たれつの間柄なら期待はできるだろうが、度を越せば縁切りされるかも。〈2023・10・9〉

195 けり

「むかし男ありけり」の「けり」でもなく、「缶蹴り」の「けり」でもない、昭和世代の高齢者にとってなじみ深い「けり」は「靴」のことだ。明治大正の旅装は草鞋《わらじ》が一般的だったし、町なかでは下駄《げた》や木履《ぼくり》、足駄《あしだ》が用いられた。「足袋《たび》はだし」で歩き回るせっかちな者もいた。

　貴族の礼法を解説する有識《ゆうそく》の事典には、古代からの履き物の記事が見え、「浅沓《あさぐつ》」「靴《かのくつ》」「半靴《はんか》」「深沓《ふかぐつ》」の別があった。庶民には縁遠いもので、基本は素足。足袋が足を保護する最たる物だったらしい。

　昭和の北東北に進出したことばは「けり」だった。革製紳士靴は「革《かわ》けり」、ゴム長は「ながけり」、子どもたちが日常的に履いていたのは「短《たん》けり」と呼んだ。愛用したというよりも、安価で着脱が容易だったことで広く使用されたのだろう。

「けり」の源はアイヌ語だとされる。アイヌは鮭《さけ》やアザラシの皮を履き物にし「けいれ」「けり」などと呼んだという。それが草履に替わる和人の簡便な履き物として、北海道と北東北に「けり」として普及し定着したと考えられる。アイヌ語起源とされるあきた弁は、地名以外ではさほど多くないので珍重されていいことばだが、若者にとってはすでに死語か。

「水の中さジャブッとひゃるなゴムのけりだばなんてもねぁ（水中にザンブと入るのに、ゴム製の靴ならへいちゃらだ）」

〈2023・10・16〉

196 じゃっぷなる

空が晴れわたり傘など必要ないと判断して出かけたのに、思いがけず驟雨《しゅうう》に見舞われることがある。急に強く降りだす雨が驟雨だ。雨宿りできる軒先か木陰でもあればいいが、なければ濡《ぬ》れに濡れるしかない。

衣類を通過して芯までビッショリ濡れ鼠《ねずみ》になることを、あきた弁では「じゃっぷなる」という。

「傘持だねで出がけだもんだがらホレこんたにじゃっぷなった（傘を持たずにでかけたのでホラこんなにずぶ濡れになった）」

ゲリラ豪雨が頻発する昨今である。大都会では地下に張り巡らされた避難所がたくさんあるのに、と過疎の土地では嘆くこともあるにはある。

長靴の中に雨水が溜《た》まったまま気づかずに足を突っ込んで靴下をひどく濡らしたら、「じゃっぷなった」と表現する場合もある。

水溜まりができた道路を減速もせずに自動車が泥水をはねとばし、その被害を被ってビショビショになることも言うのかとなると、少し微妙だ。

差別語に敏感な人は「じゃっぷ」と耳にすると、米国人が日本人を蔑《さげす》んでいる表現のように受け取るかもしれない。だが、あきた弁の「じゃっぷ」は「ずぶ濡れ」の「ずぶ」同様、ひどく濡れるさまをとらえた擬態語である。

ただし「某宗教団体とズブズブの関係」とは言えても、「じゃっぷなる関係」などとは言わない。擬態語は便利なようでいて、その実、難しい。

〈２０２３・10・23〉

197　どらんこ

元になったことばは「どうらん」。漢字表記は「胴乱」「銅卵」「銃卵」「筒卵」とさまざまだが、なぜこの表記なのか明らかにできないのは遺憾だ。元々は火薬や弾丸などを入れる革製の大きな袋だったが、後に用途が変わり、印・薬・銭《ぜに》または刻み煙草《たばこ》を入れて外出時に携えた。現代のウエストポーチに近いか。植物愛好者が採集物を保護するために用いた容器も「どうらん」と呼ぶ。

「どらんこ」の「こ」は「小さい」を表す接尾語。煙草を愛飲する大人と身近に接していた者たちが、親しみを込めて呼んだのだろう。嫌煙だの受動喫煙だのとうるさくなかった時代、子どもたちも一種の憧れをもって眺めていた。煙草喫《の》みは外出時、刻み煙草と煙管《きせる》を入れた「どらんこ」を腰に下げていた。桜皮《かば》張り細工など凝った趣向の物もあり、その趣味の良さを誇ったものである。

「どらんこ忘えればたばごふがえねぁや（煙草入れを忘れてしまったら喫煙できないよ）」

常時携行することから、転じて、いつも付き従いご機嫌取りをする「腰巾着《こしぎんちゃく》」的人物を指すようになったのだが、特に親にまとわりついて離れない甘えん坊（とりわけ末っ子）のことを「どらんこ」と呼ぶ。これこそ語尾の「こ」に親愛の情が示されている。

　喫煙そのものが縁遠い世界のこととなれば、この語の命脈はいずれ尽きるだろう。哀惜すべきかどうか。〈2023・10・30〉

198

あどぺぁり

列を作って並んでいるのに脇から強引に、または素知らぬ体《てい》に入り込む怪《け》しからん輩《やから》がいる。秩序を重んじる集団の中では嫌われること請け合いだ。これを「割り込み」と呼ぶのだが、最近関東地方の若者のことばとして「ずるこみ」「よこはいり」が使われだした。並ばなければならないと知っていてその行為に及ぶのは厚顔無恥の狡《ずる》さだろう。

知らないで列を乱してしまったら周囲が一言注意すれば済む。この場合は「ずるこみ」とは呼ばない。

ある集団に後から加わる人物を「あどぺぁり（あとはいり）」と呼ぶ。具体的には「後添《のちぞ》い」を言う。本来は後妻だけでなく後添いの婿殿をも意味した。鹿角地域を除く県下全域に分布する語で、「あどはり」や「あとはり」の形でも認められる。東北地方では秋田県に分布が限られる特異な語だ（ただし「あといり」「あといれ」の形では西日本に見られる）。

「あとはいり」という言い方からは、配偶者の片方が欠けたところに後から入り込んだという、奥歯に物の挟まったような第三者側からの好悪交々《こもごも》のニュアンスが伝わってくる。

「ええあどぺぁりだばあんしんだどもな（よい後妻さんだと安心だけれどもネエ）」。継子《ままこ》いじめや嫁いびりに結びつかなければいいな、との老婆心である。

政府要人の更迭人事の後釜だって、一種の「あどぺぁり」に違いない。前車の轍《てつ》を踏んでないか心配だ。

〈2023・11・6〉

199 あずましー

人の感覚はさまざまだが、快不快、美味かそうでないかは案外普遍性があるらしい。沖縄の石垣島で用いられる「あずぃましゃーん」は「味甘さある」から出た語だ。甘い味わいが美味で満足を表したものらしい。秋田県内でも「甘い」と「美味《うま》い」は同義だった。うまみは満足に通じる。

食物を噛《か》みしめて食べる味覚上の満足が『日本霊異記《りょういき》』の「嗜《あぢま》む」である。これが「あぢまやか」（『本朝桜陰比事』）や「あじまし」（北海道・青森・秋田・新潟）の語へと展開したものと思われる。

味覚から発展して気分や状態を表すようになると、気持ちがいい、満足だ、せいせいするという意味になる。鹿角・北秋田・山本・南秋田・秋田市・由利・平鹿の地域に分布が認められる。雄勝・仙北地域では耳にしないようだ。

一時帰省していた孫一家を送り出した祖父母が漏らす「あずましー」は、静かな日常を取り戻し、広々としてすがすがしい、ゆったりとして気分が寛《くつろ》ぐという快適さを表現しているが、一抹の寂しさも含む。むしろ、新しい畳に大の字に寝そべったり、温泉入浴の開放感を表現する場合に向いている語だろう。

「あじましぐねぁ」は、「あずましー」の反対語で気が休まらない、あるいは食味の不満足を言う。岩手県（和賀郡）では思うようにならない、じれったいの意で転用されている。これは本県では見られない用法だ。

〈2023・11・20〉

200 おく

ごくありふれたことばほど国語辞典風の解説が難しい。「置く」にはいろいろ意味がある。代表的なのは、持っている物をある平面に移す、据え付けることだ。他に、官庁や役職を新設すること、関係に距離を保つ、除外する、中途で断念するなど、多義にわたる。

あきた弁の「置く」には「計算する」という意味もある。鹿角地方では言わないようだが、他の地域には通用する。「そろばんを置く」という言い方からきた古くからの物言いだ。鎌倉時代から江戸時代の作品にも「計算する」の意で「置く」の用例が見られることから、かつては地方限定語ではなかったはずだ。だが現在では秋田県の他には青森・宮城・山形・新潟の各県に分布するのみ。

「なんとおいでみだっけけだ違ってら（驚いたことに計算してみたら桁が違っていた）」

行政の怠慢でむざむざと無駄遣いを見過ごしてしまう事案が多発しているようにみえる。政策立案の段階でどれほどの収支が見積もれるか、その場しのぎの対応に終始していると、ツケは国民に回って来る。

オリンピックだ、万博だ、生活困窮者への給付だと、気前よく振る舞えば当座は喜ばれるだろうが、人気取りをした当人たちが責任を負わずに退場した後には草も生えないということ必定。「官房機密費」と違って国民の財布には限度がある。景気のいい話にはちゃんとそろばんを「置いて」見ることだ。〈2023・11・27〉

201　とんじゃくねぁ

「無頓着」とは物にこだわらないことだ。ところが、あきた弁で「とんじゃくねぁ」と言えば「なおざりだ」とか「いい加減だ」の意味に使われる。漢字にすれば「頓着無い」。元の仏教語からはだいぶ逸《そ》れている。

「頓着《とんじゃく》」は本来貪《むさぼ》り執着すること（＝貪着《とんじゃく》）、飽くことなく物事にとらわれることを意味していた。それが庶民の間では、こだわること、関心を持つことの意で使用された。

その否定形の「とんじゃくない」は全国的な分布は見られない。わずかに秋田県全域と山形県米沢市に見られる程度だ。それも、米沢では「さしつかえない」「かまわない」の意で用いられ、かなり意味変化している。あきた弁の「とんじゃくねぁ」は物事にこだわることがないのはそれとしても、関心の持ち方が希薄で無責任感が漂う。

「税金じっぱりとらえでも年金あるてがになんもとんじゃくねぁ（税金をたくさん徴収されても年金があるから何にも心配ない）」。叶《かな》わないが言ってみたい台詞《せりふ》である。

愛媛名産じゃこ天を「貧乏くさい」と「とんじゃくねぁ」放言をした知事は、発言を撤回、謝罪してどうにか事を収めたが、人権侵犯だと批判された国会議員は「公金チューチュー」という発言を形だけ撤回して謝罪の意思はないようだ。口にしたことばは取り消しても記憶に残る。「とんじゃくねぁ」どころではない「鉄面皮《てつめんぴ》」だとの印象は残る。

〈2023・12・4〉

202 はんかくしぇ

未熟なのに通人ぶって気取る人を、江戸語で「半可通《はんかつう》」という。そこから略語「半可」

が生まれ、漱石は「半可通」「半可」の両形を使用している。「優良可」の「可」はまあまあ良いという評価だが、「半可」だとその基準に達していないから、「未熟」の意になる。漢籍に用例が確認できないから、日本で作られた語だと言える。

あきた弁の「はんかくせぁ」「はんかくしぇ」「はんかくさい」は、ともに半可通のように未熟で中途半端な、技能や知識をひけらかす態度を非難する語だ。「くさい（臭い）」は「胡散《うさん》くさい」「貧乏くさい」「田舎くさい」など、そのように見える（または感じられる）ことを示す接尾語だ。自分の風体《ふうてい》や言動について言うのなら自嘲や反省の心を表すが、他人に対して使うと上から目線の評価語になる。

あきた弁の「はんかくさい」は小生意気だ、非常識だ、バカだ、愚かだ、キザだ、などの多様な意味に使用され、県内くまなく分布が認められる。ただし、上から目線で口にすると、差別的な言動をしたと責め立てられる。要注意のことばだと心得ておきたい。「まるくた仕事もしぇねくしぇしておべたぶりたげではんかくしぇやじだ（満足に仕事もできないくせに知ったかぶりをして愚かな奴《やつ》だ）」。独り言に限る。

北海道では「偏屈だ」の意もあるらしいが、県内では確認できない。

203 たましぽろぎ

〈2023・12・18〉

失神するほどびっくり仰天することを、大げさに表現して「たましぽろぎ」という。予想もしていない事態に突如見舞われて、正常な反応ができない場合に言う。危機を脱して正気に戻ってから、振り返って口にすることが多い。

「急に飛び出してきた車さあどるどごでたましぽろぎした（急に飛び出してきた車に衝突しそうになって肝を冷やした）」。驚きの程度が尋常でなく、失神するほどだったと誇張している。

魂は平静なときには保っていられるが、突発的なことが起きたら「振り落ちてしまう（ほろける）」ものだと考えられていたから、とんでもないことに直面したらフリーズする（硬直する）ことになる。

「びっくりする」のあきた弁は「たまげる（魂《たま》消える）」「どでする（動顛《どうてん》する）」の語も

あるが、いずれも畏怖（＝こわさ）に関係ない。対して「たましぽろぎする」は大いに恐怖感を伴っている。

よもや司直の手は届くまいと思っていても、ふとしたことから問題が発覚し責任を問われ、予想外のことに顔色を失う人がこのところ目立って多い。

「天網恢々《てんもうかいかい》疎にして漏らさず」（『老子』）とは、天が張り巡らした網目は粗略なようだが悪事は必ずその網に絡み取られるという意だ。至言だろう。不正が露見して「たましぽろぎ」どころではなく戦々兢々《きょうきょう》としている保身の面々もいることだろう。

〈2023・12・25〉

204 たちび

不意に訪れた不幸な出来事で人生の幕を閉じざるを得なかった人を送るのは、辛《つら》く切なく言いようのない悲しみを伴う。闘病の苦から最後の安息を得た場合でも、天寿を全うしたと自足して亡くなる場合でも、送る側それぞれに複雑な感情が生じる。

年若とか老人とかに関係なく命が尽きるときは尽きるのだと「老少不定《ろうしょうふじょう》」の語で割り切ることができるのは、よほどの達人だろう。遺《のこ》された者にできるのは、いつあの世に旅立ったか記憶に留《とど》め、時々故人と向き合うことである。

「たちび」は出立《しゅったつ》の日、すなわち人があの世に旅立った日を意味する。かつては国内各地に通用していたことばだが、生活様式や価値観の違いから急速に消えつつあるようだ。鹿角地域では亡くなった日の翌月のその日を「初立日《はつたつび》」と称したという（大里武八郎『鹿角方言考』）。今はどうだろうか。

仏教の宗派によるのかもしれないが、命日（＝たちび）を「しょーじ」といって、午前中は生臭物《なまぐさもの》を口にしない習慣があった。「精進《しょうじん》」（魚や肉類を食べず菜食すること）が故人を偲び供養することだった。法要に肉や刺身が供される昨今とは隔世の感がある。

「きょーばさまのたちびだてがにしょーじさねばだめだや（きょうはおばあさんの命日だから精進料理でないといけないよ）」

メメント・モリ！（「死を忘れるな」というラテン語の警句）

〈2024・1・15〉

205 かだじげねぁ

時代劇の台詞《せりふ》じみた感謝を表すことばだ。「忝《かたじけな》い」はもともとは相手に劣等感をいだくような引け目（例えば自分の容貌の醜さを自覚して）を言うことばだった（『岩波古語辞典』など）。

それが、恩恵を受けたことを身に余るほどと恐縮してみせる態度を表す語となり、さらに軽度の「ありがたい」の意に変化した。近世には一言「おかたじけ」で気楽に感謝を表明する語としても用いられるようになった。

あきた弁の「かだじげねぁ」は県下全域に分布してはいるが、もはや「年寄り語」の域にあるようだ。このことばを使えば話し手が老人だとイメージできる効果がある。「わし」「〜じゃ」「〜ですわよ」などが「役割語」の名で、実際には頻用されなくても話し手の年齢や階層をそれなりに想像させるのと似ている。

「新米《しんこめ》よげだげ送ってもらってかだじげねぁしな（新米をたくさん送ってもらってありがたいです）」。厚意を受けた申し訳なさと謝意とのふたつを同時に表現している。「しかだねぁな（仕方ない）」「わりい（悪い）」「ほんねぁ（本意ない）」なども、ふたつを兼ねて表現できる便利なことばの仲間だ。

金額の多少や人物の地位によって忖度《そんたく》され、微罪扱いしてもらった上、おとがめなしだなんて。責任を負うべき誰かが「かだじげねぁ」なんてほくそ笑むのかな。ま、あきた弁では呟《つぶや》かないだろうけれど。〈2024・1・22〉

206 しえってぁ

子どもがやみくもに自己主張して要求を通そうとすると、駄々をこねているように見える。大人はそれをたしなめようとして結果的にはきつく叱ることになる。

「しつこくて嫌な子」を意味する「しえってぁわらし」は、南秋地域でよく耳にしたものだが、他の地域では言わないらしい。各種方言集にも登載されていない語で、もとになったことばがわからない。

「言ってきがしぇでもわがらねてが、しえってぁわらしだごど（納得するように言い聞《しゅ》かせても理解できないのか、しつこい子だ）」

事は子どもに限らない。主張を押し通そうとして引き下がらない、つきまとって煩わしく感じるとき、大人が相手であっても「しえってぁ」の語が口をついて出る。執拗《しつよう》な態度が嫌悪感の元になっているのだ。

『日本方言大辞典』によれば長野県下伊那郡に「しつこい」の意で「しれっぽい」が見つかる。「しれっぽいことばかりする」という例文は、南秋の「しえってぁ」とほぼ合致する。ただ、「しえってぁ」の方は執拗なことに対して思い通りに対応できない焦《じ》れる気持ちをも表現していると言えそうだ。

政権与党の金銭疑惑に対して野党の追及は苛烈を極める。追及されている側は〝なんてしつこい連中だ〟と言わんばかりに弁明にこれ努めている。衆人環視の議論の場では、追及する側のことを「しえってぁな」と躱《かわ》すわけにはいかないだろうネ。

〈2024・1・29〉

207
おへぁふり

世渡り上手と言われる人物がいる。よく観察してみると、利益になりそうな人に向ける表情と対象外の者へのそれとでは格段の相違がある。営業笑いをしたりしなかったり。いずれも目が笑ってはいない。揉《も》み手をして己に有利なように行動するのだが、その場限りのことがほとんどだ。

ことばに出して相手の歓心を買うことを県内、特に沿岸部では「おへぁふり」といって軽蔑の対象となった。へらへらと歯の浮くようなことを言うのである。標準語の世界では、心にもないことを言って他人にへつらうことを「おべっか」「おべんちゃら」と呼ぶ。それにほぼ等しい行動を取る御仁《ごじん》があきた弁の「おへぁふり」だ。

一見、世話好きに見えるが、余計な事までペラペラとしゃべってしまう人も、能代山本地域では「おへぁふり」の仲間。由利地域では「おへぁかだる」の形で「嘘《うそ》をつく」「余計な口をきく」を意味する。底に不誠実な態度を見て取っているのだろう。

「ふだんあでさねぁのに選挙だてニカニカて寄って来てなんだもんだ。あのおへぁふり（普段は相手にもしないくせに選挙があるからと愛想笑いをして近寄ってきて不愉快な奴だ。あのおべっか使いめが）」

「弁を振るう（弄《ろう》する）輩《やから》」を連想させるのか、由利地域では先に立って采配を振りたがる人物をも「おへぁふり」の仲間に入れている。世渡りは少々下手がちょうどいい。

〈2024・2・5〉

208　けぁどよごし

雪国の冬は長くて厳しい。春の温かい日光を切望する気持ちは、ちょっとした降雪に大騒ぎする大都会の住人には想像できないだろう。

根雪が消え道路が乾燥した状態になると、県南では「けぁどぽんぽんじー（道が乾燥して気分がいい）」と春の到来の近いことを喜ぶ。県北ではこの言い方をしない。寒さが緩み、降っては消える淡雪を「けぁどよごし」と呼んでいる。

「けぁど」は道路のことで南北共通だが、道が乾燥していると捉えるか、雪解けで道路が濡《ぬ》れた状態だと見るか、把握の仕方が異なっている。感性の違いだろうか。

「よごし」は標準語では「口汚《くちよご》し」のようにマイナスイメージを伴うが、あきた弁では水に濡れることを言う。自動詞では「傘もだねで出がげだら雨でよごえだ」のように用い、雨で衣類が濡れた意になる。雨そのものが汚いのではない。他動詞（……を汚す）が名詞化した「けぁどよごし」も「道を濡らす」意味だ。

「けぁどよごし」は道が乾きだす頃、再び雪に見舞われた時の語。間もなく解けるのが自明だと理解していても、道路が濡れて舌打ちしたい気持ちなのだ。春寸前の生憎《あいにく》な感情がこもっているのだ。

「やっとが雪消《け》だど思てらけ、けぁどよごし降てきてがっかりだ（やっとのことで雪が消えたと思っていたのに、道を濡らす淡雪が降ってきてがっかりだ）」。訳文では伝えきれない感情である。


〈2024・2・12〉

209

もっきり

米の秋田は酒の国―という惹句《じゃっく》（キャッチフレーズ）のとおり、秋田県民一人当たりの日本酒消費量は全国トップ級。酒豪県なのだ。

ごしゅーぎ（結婚式）のお開き間際に、客に「たちぱ（立ち端）」と称して無理強いに近い形で酒を勧める慣習があった。来客を十分にもてなすサービス精神の表れだが、ケチと見られたくないという気持もあったかもしれない。

一日の労働を終えた後、酒屋に立ち寄って一杯引っかける姿はかつては見慣れた光景だった。自分をねぎらって簡便に、多くの場合立ったままで、茶碗に注《つ》いだ酒を呷《あお》るのである。これを「もっきり」と呼んだ。江戸語の「盛り切り酒（器に一度盛っただけで、おかわりなし）」が変化した形で、東北以外では新潟、茨城にも分布する。店先で日課のように短時間で終えるので、肴《さかな》は豆類やスルメなどの質素なもので済ましていた。

車社会になって酒気帯び運転など以《もっ》ての外《ほか》の時代が到来し、帰宅前の「もっきり」はめっきり影が薄くなった。「宅飲み」や「家飲み」が主となったが、これで交通違反切符を切られることがないのだから、喜ぶべきことなのだろう。

「おらえのおどはん、もっきりさねば帰《けぁ》てこねぁもの。まいどのごどであぎらめでる（うちのダンナもっきり酒を飲まずには帰ってこないのよ。毎度のことだから諦めているわ）」。このような温情も今は昔の物語か。

〈2024・2・19〉

210　のびるこひろこ

「伸びる子、弘子」と書けば、教室に貼り出したスローガンのよう。誰しも伸びやかに個性を発揮してほしいとの思いがこもる。でもなぜ「弘子」なの？　などと詮索は無用。ダジャレの類いです。「のびるこひろこ」とは県民の食卓を飾る「野蒜《のびる》」と「ヒロッコ（浅葱《あさつき》の若芽）」なのだ。

「のびるこ」は「野蒜」に親しみを込める接尾語の「こ」を添えた形。「ひろこ」は「蒜《ひる》」の「る」の母音がウ段からオ段に変化して「ろ」となり、それに接尾語の「こ」を添えて「ひろっこ」「ひろこ」になった。ヒロッコの青い部分は葱《ねぎ》の代用にもなる。

紫色の根元が球状か卵形かの違いがあるにせよ、いずれも魚介類と辛子酢味噌《からしすみそ》で和《あ》えてヌタナマスとして賞味するのがよい。どちらを選択するのかは人それぞれ、季節と好みによる。

部屋の中が乱雑を極めてあきれ果ててAを叱りつけようとして、引き合いに出すはずのBも同様だったりすると、苦笑しながら「のびるこひろこ」と言う。似た者同士、「五十歩百歩」という意味だ。

「おらえのぼんじ、部屋んまのまやにしてでごしゃでやるがどおもったけぁ、おどもおなじ、のびるこひろこだたでば（うちの息子ったら部屋を馬小屋のように散らかし放題にして叱ってやろうと思ったら夫も同じ、五十歩百歩だった）」

政治資金の使途を問われている諸氏の弁明も「のびるこひろこ」に見えないこともないな。

〈2024・2・26〉

211 ほえあがり

欲というものはキリがない。厄介なのは承認欲求だ。それなりの人物、技量の持ち主として誰かに認められたいと思うのは人情だが、得てしてオレがオレがという雰囲気を漂わせ、鼻つまみになる御仁《ごじん》も見かける。認められた、という過信から増長してしまうのだ。

調子に乗る人、図に乗る人を「ほえあがり」と称して敬遠する地域がある。鹿角・由利・仙北に「ほえあがり」または「ほやがり」の分布が見られる。かつてはもっと広く勢力を保っていたのではないかと考えられるのだが、各種の方言資料を漁《あさ》ってもほとんど情報が得られない。ただ、沖縄に「つけあがること」「増長」を意味する「ぼーあがい」の語があり、無関係ではなさそうだ。

「咆《ほ》え上がる」あたりが源なのだろうが、確かなことは分からない。自信を持つと自然とその声のボリュームも大きくなるから、「咆える」という形容は当たっているように思う。質疑応答の場で自信のない答弁は声に反映する。正直なものだ。ことさら声を大にして主張してみても、周囲からは虚勢を張っていると見透かされる。

「なんぼ理屈こいでもあえだばほえあがりで信用ならねぁ（いくら屁《へ》理屈を並べてもあいつはお調子者だから信用できない）」

選良とされる人物が、金銭上のトラブルを抱えたり人の道を踏み外したり、と「ほえあがり」にしか見えないようでは、ご退場願うしかない。〈2024・3・4〉

212
たいもん

事件事故が起こったとき、冷静沈着に適切な対応がとれる人物がいれば、当事者の安心は計り知れない。ぼんやり暮らしていると、いざという時に慌てる。日頃の備えが物を言う。復興作業でも、モタモタと事態を座視しているだけでは有能なリーダーとは言えない。有事に的確な判断・指示できる人こそが大物だ。

逆に、日頃はオレがオレがという振る舞いをしているくせに、肝心なときに責任回避をするような人物がいる。これを「たいもん」という。漢字で書けば「大物」なのだろうが、ホンモノの大人物とは違う。

辞典類には収録されていない語だが、県内全域で用いられている。比較的新しく登場したことばだと思われる。根拠は「たいもん」の「たい（tai）」という連母音《れんぼいん》（連続する母音）の発音。あきた弁では通常「てぁ」になる。「懐中」や「外国」の連母音も「けぁちゅー」「げぁこく」とはならないが、これらは極めて稀《まれ》な例で、このような語は定着した時期が新しいと判断できる。

褒めことばとしての「たいもん」は物事に動じない人のはずだが、事の重大さにも関わらず自己の責任を負おうとしない困った人物や、「したたか者」を指すのがふつうだ。

「自分やったごど人にかちけで知らねぁ面《つら》して、あえだばたいもんだな（自分がやらかしたことを人のせいにして知らん顔とは、あいつはしたたか者だな）」

〈2024・3・11〉

213　へばな

「へばな」「しぇばな」「へばね」は別れに際して使われる。別れといっても「それじゃーね、バイバイ」程度の軽い意味だ。

「それでは」（または略して「では」）をあきた弁で「へば」と言う。中には共通語風に「そうすれば」を用いる人もいる。「それじゃあ」や「それでは」のつもりで取りあえず共通語かなと思って発したのだろうが、直しすぎ（ハイパーコレクト）であろう。これを「疑似共通語」とか「気付かない方言」と呼ぶ。県外ではこのような言い方をしない。

あきた弁独特の発語（文章や談話で最初に置かれる語）である「へば」に「な」「ね」が続いたり「まず」「まんつ」が加わると、別れ際のちょっとしたあいさつのことばになる。「な」「ね」は念押しの気分を添えて用いる助詞だが、親しさの度合いや男女で違いがあるようだ。全体で英語の「See you again」に近い。

由利地方で用いる「ただいめぁ（「ただ今に」の変化形）」も、再会への期待という含みがあるが、「へばな」はそれよりも簡潔で素っ気ない。「へばまず」「へばまんつ」とともに、その場を離れる際のあいさつとしてはドライで好ましい。「さようなら」の語は永《なが》の別れにも用いられるが、「へばな」はどうだろう。永別にはちょっとキザな表現になってしまいそうだ。「へばね」。

〈2024・3・25〉

〈連載を終えるにあたって〉

ことばから眺めた人と社会

共通語使用が当たり前の若い人たちには、あきた弁は物珍しいだけの「異言語」になっている。哀惜の念を捨てきれない私のような高齢者の願いは、若者があきた弁の多彩さ、奥深さに少しでも理解を向けてくれることだ。

「ことばが人間を作る」のだから、あきた弁を知り、先人の価値観や知恵を知るのは人間形成のうえでよい教材となるだろうし、共通語とあきた弁の二言語併用（バイリンガル）を自在にできるようになるのも、脳の働きをよくするだろう。

家庭内で若者一家が共通語で会話する。老人が会話に加わるためには自身もそれに近づかなくてはならない。結局、あきた弁は使われる機会が激減し、衰退へと向かう。高齢者の暮らしでは、あきた弁を「使えるのに使わない」のが日常と化している。使わないでいると忘却が一段と進む。ことばが危機に瀕《ひん》しているのだ。老人力のひとつ「忘れる能力」を「思い出す力」に変えられないものかと切実に思う。

「ふるさとの訛《なまり》なつかし　停車場《ていしゃば》の人ごみの中に　そを聴きにゆく」。石川啄木は、孤独な都会生活を慰めるべく故郷の人々の懐かしい声を求めて駅の雑踏の中に身を置いた。このごろの高齢者のあきた弁に接する時の心境は、啄木の抱いた郷愁に近いかもしれない。あきた弁に深い思いを抱いて懐かしさを感じてはいるのに、自身はもはや母なることばから離れてしまっている後ろめたさも拭いきれないでいる。だからこそ珍しさとニュアンスの豊かさ、ことばの柔らかい響き、厳しさなどを強く感じたいし、他の人々にも感じ取ってもらいたいのだろう。

本コラムでは消滅の寸前のことばをも取り上げた。かつて存在していた「物」とそれを利用してきた「人」のあり方、行為に対しての地域社会の価値観・倫理観などにスポットを当てたいと思ったからだ。できるだけ感傷を抑え、恣《し》意的な語源解釈を排除したいとも思っていた。

古語との対応やアイヌ語からの影響など、魅力的だが思いつきの域を出ない言説が大手を振って跋扈《ばっこ》しているのが現状だ。正直、言語研究の基礎だけでも学んでほしいと残念な思いもした。

不明確なこと、わからないこと、これから解明しなければならないことなどは、断定を極力控えたつもりだ。記事によっては明快さを欠き、隔靴掻痒《かっかそうよう》の感を与えただろう。専門家を装った評論家の無責任な放言の類いとは一線を画したいという、執筆開始時からの過度の気負いもあったから、読者の期待に十分には沿えなかったかもしれない。

ふだん私は五城目町の「団欒《まどい》の家高堂《たかどう》」(空き家を利用した集会所)に日参している。そこには茶飲み話に興じる仲間がいる。毎日のように訪れる人の多くは老人であるが、ときには好奇心旺盛な年若い人も加わる。そこで交わされるのが各地の「あきた弁」。時が移り行動様式が変わり、道具が進歩し、生活様式が一変してしまうと、常識だったものが常識でなくなってしまい、解説が必要になる。メンバーや訪問者の昔語りと解説に耳を傾けるのが私なりの言語調査となった。感謝すべき取材源のひとつだった。

語義・語形・用法などについては分布や隣接する意味分野を重視した。もとになった古語から意味がずれている場合、無理にこじつけることなく自然な変容を遂げ得る道筋を求めた。それでも読者の納得できない解説はあるに違いない。新たな知見を示す開拓者の出現を待つのみ。

大山宏、大里武八郎、北条忠雄、中山健といった方々による先行の優れた業績に逐一触れる余裕がなかったのは遺憾だが、ひとえに六百字前後の字数の制約によるもので他意はない。遅まきながら敬意と謝意を表しておきたい。熱心な読者の存在も心の支えになった。多謝。

〈2024・3・25〉

書籍刊行にあたって

五年間続けてきたコラムの執筆も令和六年三月で終えた。重複項目を含めて二百十三項目、まだまだ取り上げなければならない語はいくらでもある。が、気力、体力にいくぶん余裕のあるうちに退くことが「隠居」としての振る舞い方だろうと判断した。

執筆のきっかけは「さきがけ」文化部の相馬高道さんからのお誘いを受けてのことだった。秋田県内の方言については『秋田のことば』(秋田県教育委員会編)があるぐらいで、私には方言研究者を名乗る資格はないに等しい。にもかかわらず、執筆を引き受けたのは、母語＝あきた弁の記憶が曖昧になり、地域全体の「ことばによる躾」が希薄になってゆくことに対して残念な思いをしてきたからだった。

両親と妻(他県出身者)を前にどちらのことばを選択するかで、私には葛藤を生じることがあった。地域や年齢など、生育条件によってことばの違いがあることは自明だが、それを痛感するようになったのは職に就き家庭を持つようになってからだった。

日本語研究を専攻してはいたが、関心が多岐にわたり過ぎ、収束しないまま停年を迎えるに至った。退職後は読書三昧の生活が待っていると期待したものの、年齢相応の老化によって視力の低下、読書意欲の減退という現実に直面することになった。コラムを担当することになって記憶が蘇ったことは一再に留まらない。感謝。

書籍化にご尽力賜った相馬高道氏、柳山努氏に深甚の謝意を捧げたい。

掲出項目一覧（五十音順）

※下の数字は項目番号

と

な

に

ね

の

は

ひ

【著者略歴】
佐藤稔
1946年秋田県生まれ。東北大学大学院博士課程終了。秋田大学名誉教授。時間の経過による日本語の変化について研究を続けている。主な著書に『秋田のことば』（共著・無明舎）、『読みにくい名前はなぜ増えたか』（吉川弘文館）など。五城目町在住。

あきた弁一語一会《べんいちごいちえ》

著　者　佐藤《さとう》　稔《みのる》
発行日　2025年3月15日　初　版
　　　　2025年5月20日　第2刷

発行人　佐川　博之
発行所　株式会社秋田魁新報社
〒010-8601 秋田市山王臨海町1-1
Tel. 018(888)1859
Fax. 018(863)5353

定　価　1210円（本体1100円＋税）
印刷・製本　秋田活版印刷株式会社

乱丁・落丁はお取り替えします。
ISBN 978-4-87020-443-0　C0281　¥1100E